近畿圏版⑦　入試が変わった！保護者作文など最新問題全掲載！

大阪教育大学附属
天王寺小学校

2022 年度版　過去問題集

<問題集の効果的な使い方>

①お子さまの学習を始める前に、まずは保護者の方が「入試問題」の傾向や難しさを確認・把握します。その際、すべての「学習のポイント」にも目を通しましょう。

②入試に必要なさまざまな分野学習を先に行い、基礎学力を養ってください。

③学力の定着が窺えたら「過去問題」にチャレンジ!

④お子さまの得意・苦手が分かったら、さらに分野学習を進め、レベルアップを図りましょう!

必ずおさえたい問題集

大阪教育大学附属天王寺小学校

図形	Ｊｒ・ウォッチャー 46「回転図形」
図形	Ｊｒ・ウォッチャー 47「座標の移動」
言語	Ｊｒ・ウォッチャー 49「しりとり」、60「言葉の音」
口頭試問	新口頭試問・個別テスト問題集
保護者	願書・アンケート・作文文例集 500

2020～2021 年度 過去問題を掲載 ＋ 各問題にアドバイス付!!

●資料提供●

くま教育センター

ISBN978-4-7761-5384-9

C6037 ¥2000E

9784776153849

定価 2,200 円
(本体 2,000 円 + 税 10%)

1926037020004

日本学習図書　ニチガク

こんなこと…ありませんか?

「ニチガクの問題集…買ったはいいけど、、、
この問題の教え方がわからない(汗)」

メールでお悩み解決します!

- ホームページ内の専用フォームで必要事項を入力!
- 教え方に困っているニチガクの問題を教えてください!
- 確認終了後、具体的な指導方法をメールでご返信!
- 全国どこでも! スマホでも! ぜひご活用ください!

＜質問回答例＞

アドバイス

推理分野の学習では、後の学習に活きる思考力を養うことができます。ご家庭で指導する場合にも、テクニックにたよらず、保護者の方が先に基本的な考え方を理解した上で、お子さまによく考えさせることを大切にして指導してください。

Q.「お子さまによく考えさせることを大切にして指導してください」と学習のポイントにありますが、考える習慣をつけさせるためには、具体的にどのようにしたらいいですか?

A. お子さまが考える時間を持てるように、質問の仕方と、タイミングに工夫をしてみてください。
たとえば、「答えはあっているけど、どうやってその答えを見つけたの」「答えは○○なんだけど、どうしてだと思う?」という感じです。
はじめのうちは、「必ず30秒考えてから手を動かす」などのルールを決める方法もおすすめです。

まずは、ホームページへアクセスしてください!!

https://www.nichigaku.jp 日本学習図書 検索

目指せ！合格！

家庭学習ガイド
大阪教育大学附属天王寺小学校

ペーパー　制作　巧緻性　口頭試問　行動観察　運動　親子面接

入試情報

募集人数：男子 53 名・女子 52 名
応募者数：男子 229 名・女子 211 名
出題形態：ペーパー・ノンペーパー形式
面　　接：志願者面接
出題領域：行動観察、運動、ペーパーテスト（記憶・言語・数量・巧緻性・推理 ほか）

入試対策

親子の関係も評価の対象になったようで、2019 年度入試から行動観察の課題として「親子活動」が加わりました。さらに試験中に保護者アンケートも実施されています。志願者には従来どおり、ペーパーテスト、行動観察が２日間に分けて行われています。ペーパーテストは、幅広い分野から出題されており、「お話の記憶」「数量」「言語」「巧緻性」「推理」などが男女ともに頻出の課題となっています。思考力重視の出題傾向をしっかりと把握しましょう。2021 年度入試はさらにその傾向が強くなり、ペーパーテストの枚数自体も増えています。充分な準備が必要な入試と言えるでしょう。

●試験前の抽選は 2017 年度から廃止され、志願者全員が考査を受けることができます。

●２段階選抜のテストになっています。１日目を通過しないと２日目に進めません。

●試験の実施順は「ペーパーテスト」「制作」「リズム運動」（以上１日目）「運動」「歌」「行動観察」「面接」（以上２日目）です。２日間に渡る長丁場のテストです。お子さまはもちろん、保護者の方も体調を万全にして臨みましょう。

●ペーパーテストは応用力を必要とする複合問題が目立ちます。指示をよく聞き、何を聞かれているかをしっかりと把握してから答えるようにしてください。

● 2021 年度入試では「お話の記憶」の出題はありませんでした。

●当校の行動観察は、これまで「自由遊び」や「サーキット運動」などさまざまなものが出題されました。近年では男女とも、「ボール投げ」「リズム」「身体表現」といった競技色の薄い課題が出されています。

●入試実施中に保護者の方はアンケートに答えます。アンケートと言っても、内容はテーマに沿った作文の作成です。

〈合格のためのアドバイス〉

ここ数年、当校の入試問題は毎年のように変化しています。以前のように解らなければとりあえず解答しておけばいいという内容から、じっくり考えること、言葉を理解してしっかりと対応することが求められるようになりました。

また、当校の対策は、お子さまと保護者の方、それぞれが必要と変わってきています。お子さまが頑張っても、保護者の方によって残念な結果になることも起こりうる入試と言えるでしょう。

出題内容に目を向けてみると、今までとは解き方も出題方法も違う問題が出題されました。ですから、言われていることが理解できないと解答することができなかったと思います。このような問題の場合、いきなり難しい問題に取り組むのではなく、まずは、基礎的な問題をしっかりと身に付けた上で実践問題に取り組みましょう。

当校の対策の一番のポイントは、過去問題をよく読み出題意図を正しく把握することです。過去問全体を読んだ時に注目していただきたいのは、出題の観点が毎年のように増えていることです。例えば、昨年度の問題では「言葉の理解」、一昨年度は「思考力」が出題のキーワードとして読み取れます。しかも、関西では他校での類似問題はあまり見られない出題方法や問題であったという点を考慮すると、しっかりと基礎力をつけることがより重要となったと言えるでしょう。

昨年、不合格だった人の特徴の一つに、学校側の指示、出題をしっかりと理解し、対応できなかったという点が挙げられます。

保護者の方の方に目を向けると、近年、当校は保護者に対して強い姿勢と意識をもって対応しています。保護者の方の対策は、配布された文章をしっかりと読み、理解し、書かれてあるとおりにすることが求められます。

学校側は、個人の判断による、自分勝手な行動に強い危機感を抱いています。例えば、登校時の交通手段などです。自分だけはという考えから、自家用車を使用して当校するなど、身勝手な対応、言われたことを理解していない行動は特に嫌っています。

こういった点から、お子さま、保護者の方ともに、しっかりと対策をとりましょう。

各問題の観点などは、アドバイスをしっかりと読み対応してください。

〈2021年度選考〉

◆親子活動（２次選抜で実施）
◆ペーパーテスト
◆行動観察
◆指示画
◆行動観察・運動（集団）

◇過去の応募状況

2021年度	男子229名	女子211名
2020年度	男子258名	女子243名
2019年度	男子274名	女子221名

入試のチェックポイント

◇生まれ月の考慮…「なし」

〈本書掲載分以外の過去問題〉

◆記憶：見る記憶とお話の記憶の複合問題。［2011年度］
◆言語：しりとりで絵をつなげる。［2013年度］
◆運筆：線と線の間を、☆から◎まで壁に当たらないように線を引く。［2011年度］
◆課題画：予め描いてあるお皿の上に、好きな果物をクレヨンで描く。［2011年度］
◆運動：ケンパ・かけっこ・ボールのドリブル。［2013年度］
◆面接：すごろくを行いながらの面接。［2013年度］

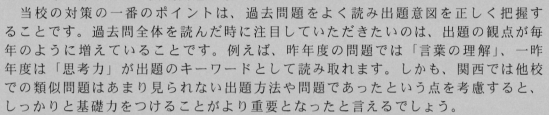

大阪教育大学附属
天王寺小学校

過去問題集

〈はじめに〉

　現在、少子化が叫ばれているにもかかわらず、私立・国立小学校の入学試験には一定の応募者があります。入試は、ただやみくもに学習するだけでは成果を得ることはできません。志望校の過去における出題傾向を研究・把握した上で、練習を進めていくこと、その上で試験までに志願者の不得意分野を克服していくことが必須条件です。そこで、本問題集は小学校を受験される方々に、志望校の出題傾向をより詳しく知って頂くために、過去に遡り出題頻度の高い問題を結集いたしました。最新のデータを含む精選された過去問題集で実力をお付けください。

　また、志望校の選択には弊社発行の「**2022年度版　近畿圏・愛知県　国立・私立小学校　進学のてびき**」をぜひ参考になさってください。

〈本書ご使用方法〉

◆出題者は出題前に一度問題を通読し、出題内容などを把握した上で、〈 準 備 〉の欄に表記してあるものを用意してから始めてください。

◆お子さまに絵の頁を渡し、出題者が問題文を読む形式で出題してください。問題を読んだ後で、絵の頁を渡す問題もありますのでご注意ください。

◆**「分野」**は、問題の分野を表しています。弊社の問題集の分野に対応していますので、復習の際の目安にお役立てください。

◆一部の描画や工作、常識等の問題については、解答が省略されているものがあります。お子さまの答えが成り立つか、出題者が各自でご判断ください。

◆〈 時 間 〉につきましては、目安とお考えください。

◆解答右端の［〇年度］は、問題の出題年度です。［2021年度］は、「2020年の秋から冬にかけて行われた2021年度入学志望者向けの考査で出題された問題」という意味です。

◆**学習のポイント**は、指導の際にご参考にしてください。

◆**【おすすめ問題集】**は各問題の基礎力養成や実力アップにご使用ください。

〈本書ご使用にあたっての注意点〉

◆文中に**この問題の絵は縦に使用してください。**と記載してある問題の絵は縦にしてお使いください。

◆〈 準 備 〉の欄で、クレヨン・クーピーペンと表記してある場合は12色程度のものを、画用紙と表記してある場合は白い画用紙をご用意ください。

◆文中に**この問題の絵はありません。**と記載してある問題には絵の頁がありませんので、ご注意ください。なお、問題の絵の右上にある番号が連番でなくても、中央下の頁番号が連番の場合は落丁ではありません。

◆下記一覧表の●が付いている問題は絵がありません。

問題1	問題2	問題3	問題4	問題5	問題6	問題7	問題8	問題9	問題10
								●	●
問題11	問題12	問題13	問題14	問題15	問題16	問題17	問題18	問題19	問題20
●	●	●	●	●	●				
問題21	問題22	問題23	問題24	問題25	問題26	問題27	問題28	問題29	問題30
								●	●
問題31	問題32	問題33							
		●							

㊢ 先輩ママたちの声！

◆実際に受験をされた方からのアドバイスです。
ぜひ参考にしてください。

附属天王寺小学校

・携帯電話の持ち込みはＮＧです。持ってきてしまった場合は、学校に預かってもらうことになります。受験番号でどの児童の保護者かもわかりますので、必ず預けるようにしてください。

・面接では、毎回テーマに沿った口頭試問が行われます。お箸の持ち方などマナーに関してはしっかりと教えておくといいと思います。

・ふだんから時間にゆとりを持って、遊ぶ機会をたくさん作ることを意識しました。なるべく、博物館や動物園、体験型施設など知識や経験が増やせるようなところを選んで出かけるようにしました。

・家族でアウトドアに出かけるなど、自然の中で過ごす時間が持てるように気を付けました。

・試験中に靴を脱いだり履いたりするので、子どもが自分で脱いだり履いたりしやすい靴を選ぶとよいと思います。

・試験や面接では、上級生が子どもたちを呼びに来ます。親しみやすく、行動観察の時も楽しく遊んでもらったようです。

・最終グループの保護者は試験終了まで長時間待つことになります。待合室には子どもが座る椅子しかありません。折り畳みの椅子、軽食、折り紙や絵本などを持って行かれることをおすすめ致します。

・待ち時間が長くて走り回る子どもがいました。あきないようにいろいろ持って行った方がいいと思います。

◎学習効果を上げるため、前掲の「家庭学習ガイド」及び「合格のためのアドバイス」をお読みになり、各校が実施する入試の出題傾向を、よく把握した上で問題に取り組んでください。
※冒頭の「本書ご使用方法」「本書ご使用にあたっての注意点」も併せてご覧ください。

2021年度の入試問題

問題1　分野：複合（常識・言語・巧緻性）

〈準備〉　鉛筆、クーピーペン

〈問題〉　①左端に描いてあるものの音の数だけ、真ん中に描いてあるくだものをそのくだものの色で塗ってください。
②左端に描いてあるものと同じ季節のものを右の四角から選んで線で結んでください。

〈時間〉　①５分　②１分

問題2　分野：常識（理科）

〈準備〉　鉛筆

〈問題〉　野菜やくだものがたくさん描かれています。同じものを線で結んでください。

〈時間〉　２分

問題3　分野：言語（いろいろ言葉）

〈準備〉　鉛筆

〈問題〉　①上の段を見てください。この中で「きる」という言葉と関係のあるものを選んで○をつけてください。
②真ん中の段をみてください。この中で「さす」という言葉に関係のあるものを選んで○をつけてください。
③下の段を見てください。この中で「はく」という言葉に関係のあるものを選んで○をつけてください。

〈時間〉　各30秒

問題4　分野：複合（記憶・図形）

〈準備〉　クーピーペン（緑）、鉛筆

〈問題〉　**この問題の絵は縦にして使用してください。**

動物たちは公園に集まって、楽しく遊んでいます。ネズミくんは竹馬をしています。跳ぶのが得意なウサギさんはなわとびをし、クマさんはブランコをしています。ブタくんは一輪車の練習をしています。

①それぞれの円の中心に描いてあるそれぞれの動物が遊んだものをその周りに描いてあるものから選んで鉛筆で○をつけてください。
②１番上の四角に描いてある約束の通りに動物がルーレットを回ります。ただし、絵がさかさまになっている時はその数だけ反対に回ります。それぞれの動物が遊んだものから、円の下に描いてある約束の通りに動くとどこで止まりますか。緑色のクーピーペンで○をつけてください。

〈時間〉　①１分　②３分

問題5　分野：複合（言語・数量）

〈準備〉　鉛筆

〈問題〉　**この問題の絵は縦にして使用してください。**

①言葉の最後の音や、最後から２番目の音を使ってしりとりをします。言葉の最後の音と最初の音でつながる時は、その間の四角に○を１つ書いてください。最後から２番目の音と最初の音でつながる時は○を２つ書いてください。上の段から始めてください。
②四角に書いてある○はたすといくつになりますか。その数だけ○を左下の四角に書いてください。
③②で書いた○と同じ数の積み木を右下の四角から選んで○をつけてください。

〈時間〉　①２分　②③各１分

家庭学習のコツ①　「先輩ママのアドバイス」を読みましょう！

本書冒頭の「先輩ママのアドバイス」には、実際に試験を経験された方の貴重なお話が掲載されています。対策学習への取り組み方だけでなく、試験場の雰囲気や会場での過ごし方、お子さまの健康管理、家庭学習の方法など、さまざまなことがらについてのアドバイスもあります。先輩ママの体験談、アドバイスに学び、ステップアップを図りましょう！

問題6　分野：複合（図形・模写）

〈準備〉　鉛筆、クーピーペン
※あらかじめ、問題の絵の左の四角の中の形を指定された色で塗り、線を引いておく。

〈問題〉　左の四角に描いてある見本と同じになるように右の四角の左の形に色を塗ったり、線を引いてください。間違った時は×をしてその隣にもう一度書いてください。

〈時間〉　5分

問題7　分野：制作（指示制作）

〈準備〉　鉛筆、クーピーペン、ハサミ、のり、画用紙（水色）

〈問題〉　マンボウとウナギが水の中を泳いでいます。マンボウはスイスイ泳ぎ、ウナギに勝ちました。

①（問題7の絵を渡して）マンボウとウナギを切り抜いてください。
②切り抜いたものをお話に合うように水色の画用紙に貼ってください。
③マンボウを水色で、ウナギを茶色で塗ってください。
④画用紙の空いているところに絵を描いてください。
⑤ゴミを机の横にあるゴミ袋に入れてください。

〈時間〉　①2分　②1分　③5分　④5分　⑤30秒

問題8　分野：制作（指示制作）

〈準備〉　鉛筆、クーピーペン、ハサミ、のり、画用紙（緑色）

〈問題〉　花が咲いている野原でウサギとイヌが鬼ごっこをしています。イヌが鬼で、ウサギが逃げる役です。ウサギがとても速く逃げるのでイヌはとても追いつけません。イヌはとても疲れてしまったので、「また明日も遊ぼうね」と言って家に帰ってしまいました。

①（問題8の絵を渡して）ウサギとイヌを切り抜いてください。
②切り抜いたものをお話に合うように緑色の画用紙に貼ってください。
③ウサギをピンクで、イヌを茶色で塗ってください。
④画用紙の空いているところに絵を描いてください。
⑤ゴミを机の横にあるゴミ袋に入れてください。

〈時間〉　①2分　②1分　③5分　④5分　⑤30秒

家庭学習のコツ②　「家庭学習ガイド」はママの味方！

問題演習を始める前に、試験の概要をまとめた「家庭学習ガイド（本書カラーページに掲載）」を読みましょう。「家庭学習ガイド」には、応募者数や試験課目の詳細のほか、学習を進める上で重要な情報が掲載されています。それらの情報で入試の傾向をつかみ、学習の方針を立ててから、対策学習を始めてください。

※この問題は問題7、または8の後に行ってください。

問題9　分野：行動観察

〈準備〉　除菌シート、『手を洗おう』の音源・再生機器
※『手を洗おう』は事前に学校から志願者にWebで配信された楽曲

〈問題〉　**この問題の絵はありません。**
①除菌シートで机を拭いてください。
②『手を洗おう』を踊ってください。

〈時間〉　①1分　②3分

問題10　分野：運動（リズム運動）

〈準備〉　なわとび、タンバリン、マット、『山の音楽家』の音源・再生機器
※『山の音楽家』は事前に学校から志願者にWebで配信された楽曲

〈問題〉　**この問題の絵はありません。**
①マットの上で、マットからはみ出さないように縄跳びを跳んでください。タンバリンを1度鳴らしたら始めて、もう1度鳴らしたらやめてください。
②『山の音楽家』を歌いましょう。
1回目は『山の音楽家』の1番と2番を歌いましょう。
2回目は3番と4番を踊りながら歌いましょう。
3回目は指揮者になったつもりでふりをつけて5番を歌いましょう。

〈時間〉　10分

問題11　分野：行動観察

〈準備〉　ペットボトル（適宜）、ボール、動物カード（20枚程度、絵の描かれていない面は白）

〈問題〉　**この問題の絵はありません。**
（この問題は2人で行う）
①今から『ボウリング』をします。どちらが先にボールを投げ、ピン（ペットボトル）を立てるかを決めてください。
②ボールを2回投げたら、交代してください。
③音楽が流れている間続けてください。
④使った道具を片付けてください。
⑤今から『絵合わせゲーム』をします。
※絵の描かれていない面を表にして、カードをランダムに並べておく。
⑥（テスターが1枚のカードを見せて）これと同じカードを見つけてください。走ってはいけません。見つけたら先生のところまで持ってきてください。
※⑥を4回繰り返す。
⑦終わったら、最初の位置に戻って立って待っていてください。

〈時間〉　①～④5分　⑤～⑦5分

問題12　分野：行動観察

〈準備〉　折り紙（適宜）、カゴ、ゴミ箱（5～6個）、
しゃもじ、おたま、羽子板、五角形の箱、それぞれの形が描かれた紙
※折り紙を丸め、セロハンテープでまとめたものをカゴに10個程度入れておく。ゴミ箱をランダムに置いておく。

〈問題〉　**この問題の絵はありません。**
（この問題は３人で行う）
①今から『玉入れ』をします。カゴからボールを出して渡す人、ボールを投げる人、ボールを拾う人を相談して決めてください。
②テープの貼ってある場所からボールを投げ、音楽が流れている間続けてください。音楽が終わったらやめてください。
③使ったものを片付けてください。
④今から『形合わせゲーム』をします。
※しゃもじ、おたま、羽子板、五角形の箱などを床に並べておく。
⑤（テスターが１枚の形の描いてある紙を見せて）この形にぴったり当てはまるものを見つけて先生のところに持って来てください。走ってはいけません。
※⑤を４回繰り返す。
⑥終わったら、道具を片付け、最初の位置に戻って立って待っていてください。

〈時間〉　①～④５分　⑤⑥５分

問題13　分野：親子活動（行動観察・口頭試問）【男子】

〈準備〉　タブレット（動画再生用）、コップ（赤・青・黄・緑、各５個）

〈問題〉　**この問題の絵はありません。**
①保護者の方はタブレットで再生されている動画を見てください（コップの並べ方の動画を見る）。
動画を保護者が見ている間に志願者に対して以下の質問。
・あなたの名前を教えてください。
・お友だちの名前を教えてください。
・そのお友だちを紹介してください。
・何をして遊ぶのが好きですか。
②（志願者を呼んで）保護者の方からお子さまに説明をして、お子さまにカラーコップを積み上げさせてください。１度完成したら、崩してもう１度積み上げてください。

〈時間〉　①５分　②５分

家庭学習のコツ③　効果的な学習方法～問題集を通読する

過去問題集を始めるにあたり、いきなり問題に取り組んではいませんか？　それでは本書を有効活用しているとは言えません。まず、保護者の方が、すべてを一通り読み、当校の傾向、ポイント、問題のアドバイスを頭に入れてください。そうすることにより、保護者の方の指導力がアップします。また、日常生活のさまざまなことから、保護者の方自身が「作問」することができるようになっていきます。

問題14　分野：親子活動（行動観察・口頭試問）【女子】

〈準備〉　紙粘土（適宜）

〈問題〉　**この問題の絵はありません。**
紙粘土で『鏡もち』を協力して作ってください。
作成後に志願者に対して以下の質問。
・鏡もちは知っていますか。
・お家に鏡もちはありますか。
・今年はおもちをもう食べましたか。
・食べものの好き嫌いはありますか。
・嫌いなものが食事に出たらどうしますか。
・鏡もちを作るのは難しかったですか。

〈時間〉　10分

問題15　分野：面接（保護者・志願者）

〈準備〉　なし

〈問題〉　**この問題の絵はありません。**

【志願者へ】
・お名前を教えてください。
・好きな勉強は何ですか。
・テストで難しかったことはありましたか。
・テストで面白かったものはありますか。
・今、好きなことは何ですか。
・今熱中していることはありますか。
・自分が他人に負けないと思うことは何ですか。
・この学校はどんな学校だと聞いていますか。
・この学校に入学したら、何が楽しみですか。
・願書に貼ってある写真（※1）はどこで何をしている写真ですか。
・お休みの日は誰と遊んでいますか。
【保護者へ】
・志望理由をお聞かせください。
・ご両親のうち、どちらが本校を受験しようとおっしゃいましたか。
・お子さまの長所・短所にについてお聞かせください。
・長所・短所を象徴するエピソードがありましたらお聞かせください。
・小学校に入学するにあたっての不安はありますか。具体的にはどのようなことですか。
・この小学校に入学したら、どのように成長してほしいですか。
・ＰＴＡ活動に参加していただけますか。どのような活動に興味がありますか。
・学校のホームページや教育ノート（※2）で気になるところはありますか。
・試験初日のアンケート（※3）で「今興味があること3つ」を書いていただきましたが、これについてもう少し詳しく教えてください。

※1　願書に「お子さまが遊んでいる写真」を貼る欄がある。
※2　教育方針や教育の様子が書かれた冊子。試験前に配布される。
※3　試験初日にアンケートが実施される。詳細は問題17参照のこと。

〈時間〉　10分程度

〈時間〉　5〜10分程度

問題16　分野：保護者アンケート

〈準備〉　筆記用具、記入用紙

〈問題〉　**この問題は保護者へのアンケートです。問題の絵はありません。**

（アンケート用紙はＡ４サイズで、志願者の考査中に実施される）

【男子の保護者へ】

①本校のホームページや「教育ノート」で興味を持ったことを３つ挙げ、それぞれその理由を書いてください（150字×３）。

②朝、お子さまが起きてきて腹痛を訴えましたが、発熱はなく、「学校には行きたい」と言っています。学校への連絡帳にどのような伝言を書きますか（縦書きのノートに記入）。

【女子の保護者へ】

①本校に入学するにあたり、不安に思うことや心配なことを３つ、具体的に書いてください。

②朝、お子さまが「今日の図画工作の時間で牛乳パックが工作の材料に必要だ」と言い出しましたが、用意できません。もちろん、お子さまにはそのことを先生に伝えるように言いましたが、学校への連絡帳にも書こうと思います。どのように書きますか。用紙に記入してください（縦書きのノートに記入）。

〈時間〉　40分

家庭学習のコツ④　効果的な学習方法～お子さまの今の実力を知る

１年分の問題を解き終えた後、「家庭学習ガイド」に掲載されているレーダーチャートを参考に、目標への到達度をはかってみましょう。また、あわせてお子さまの得意・不得意の見きわめも行ってください。苦手な分野の対策にあたっては、お子さまに無理をさせず、理解度に合わせて学習するとよいでしょう。

日本学習図書株式会社

2022 年度 附属天王寺 過去 無断複製／転載を禁ずる

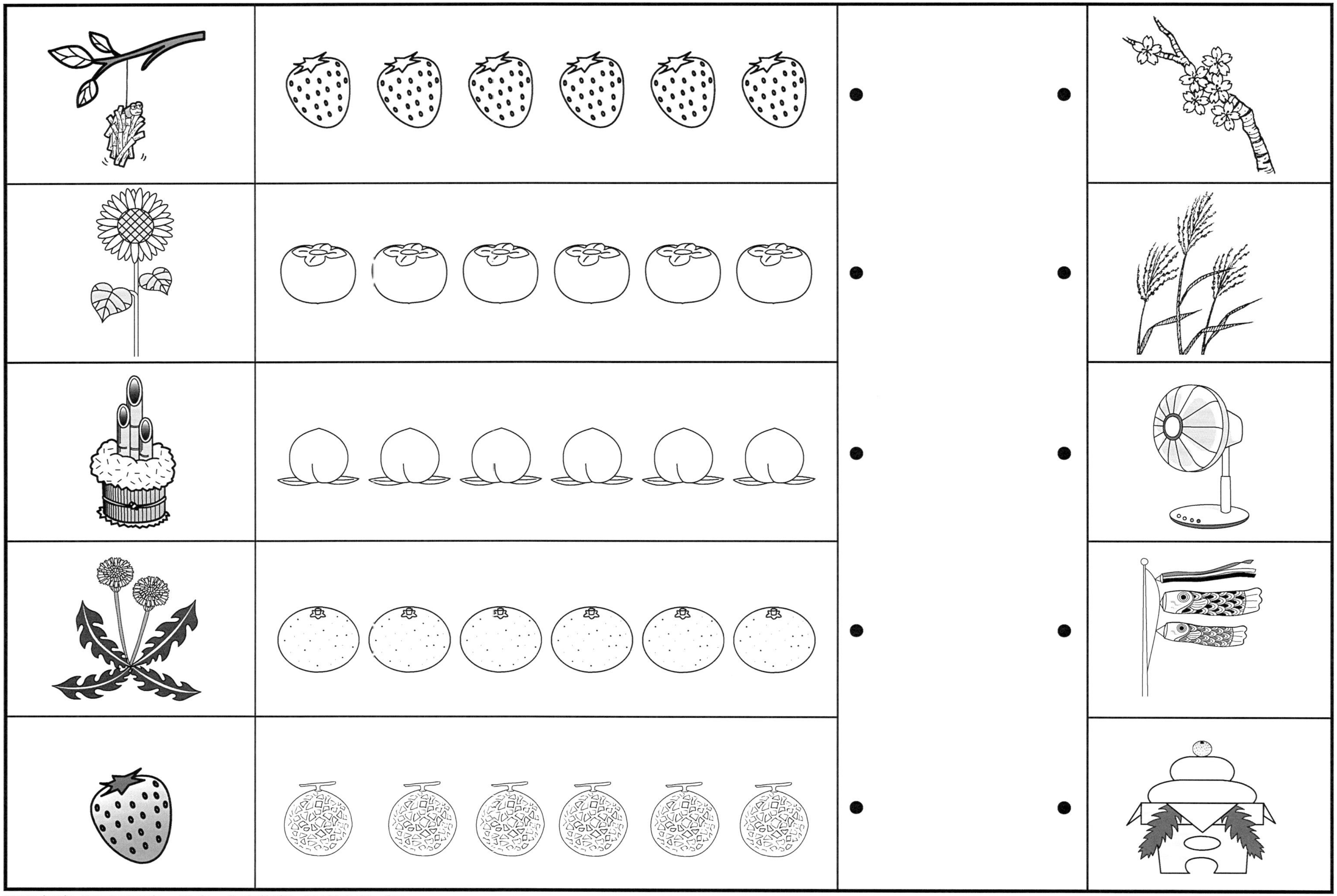

問題2

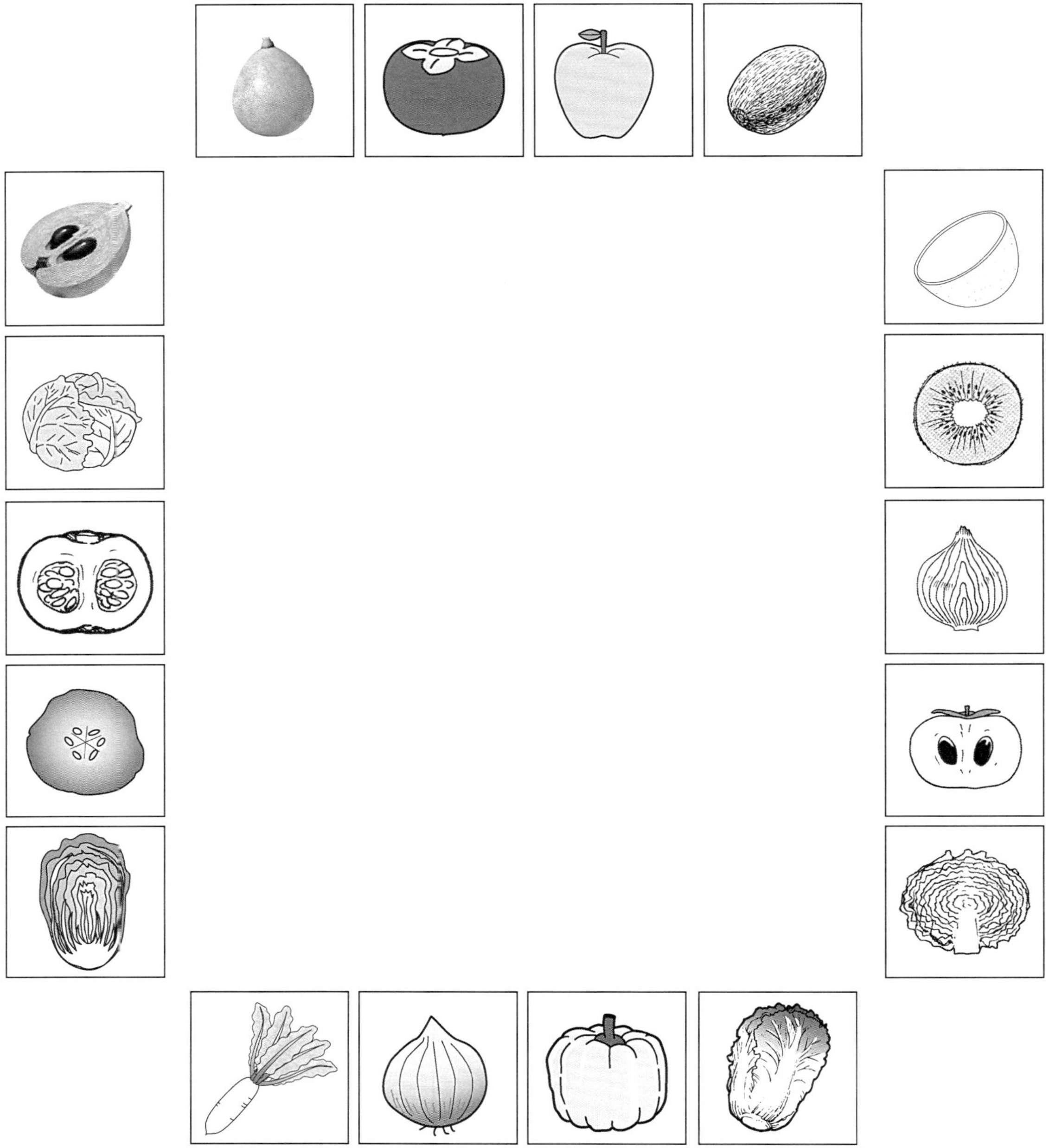

2022 年度 附属天王寺 過去 無断複製／転載を禁ずる 日本学習図書株式会社

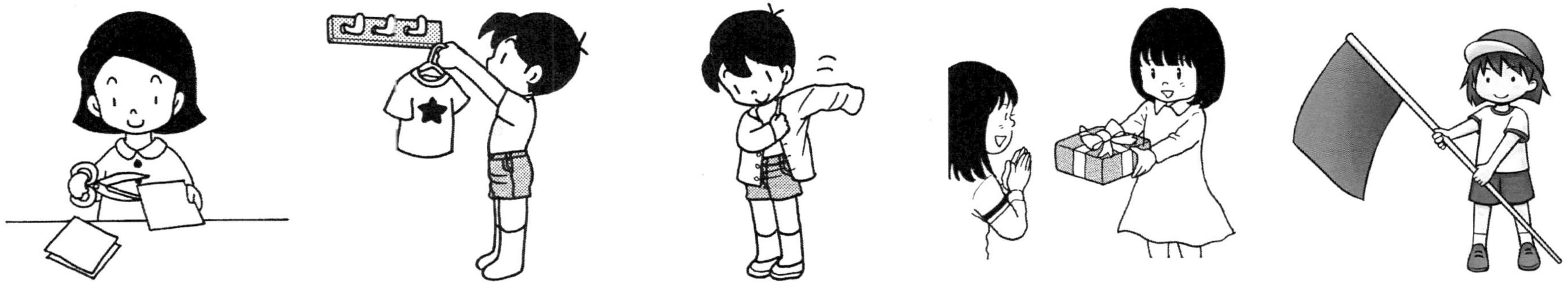

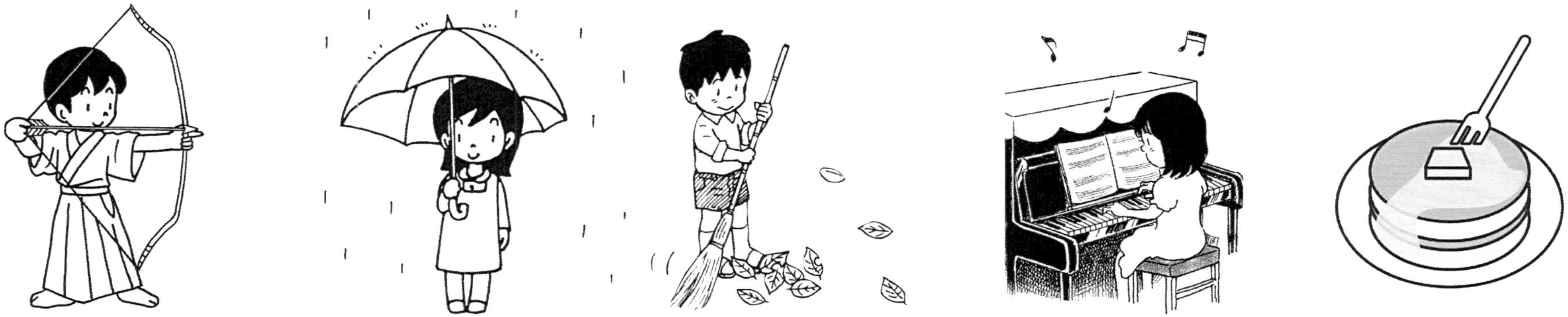

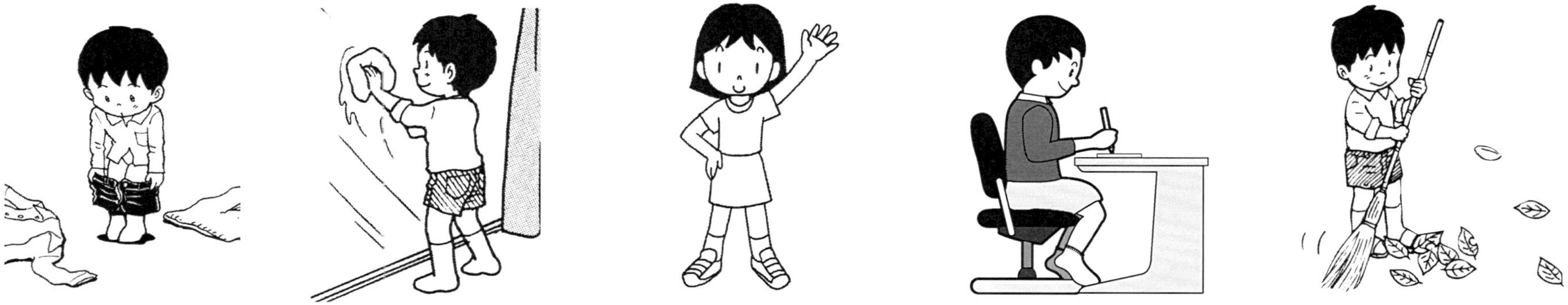

問題４

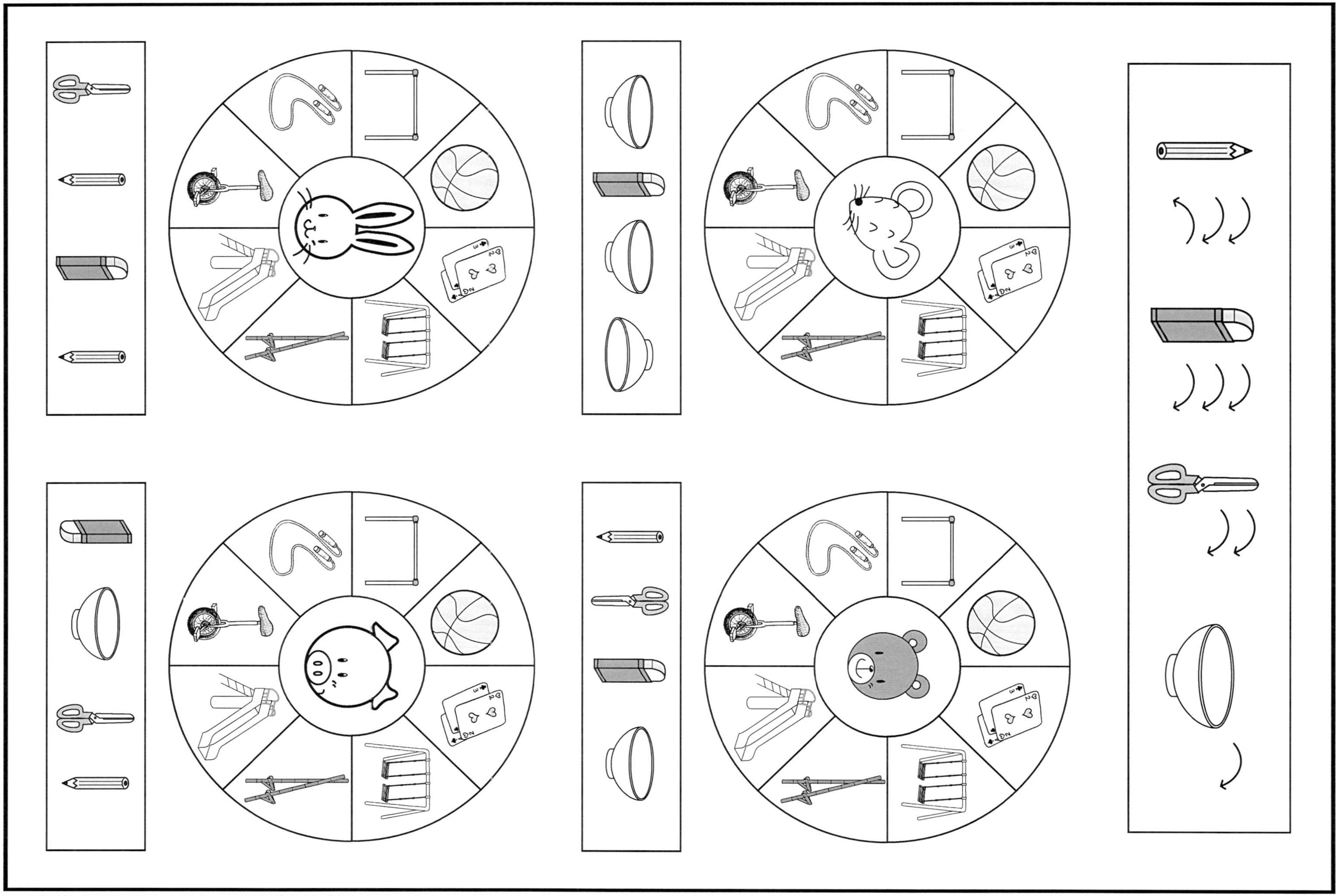

問題5

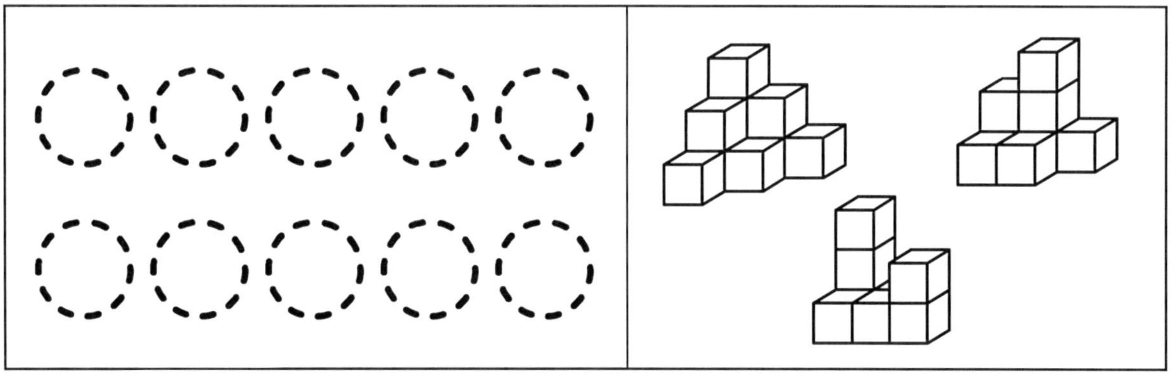

問題6

①

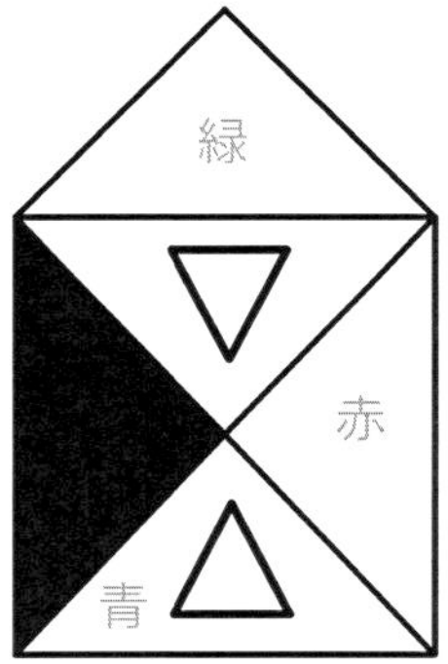

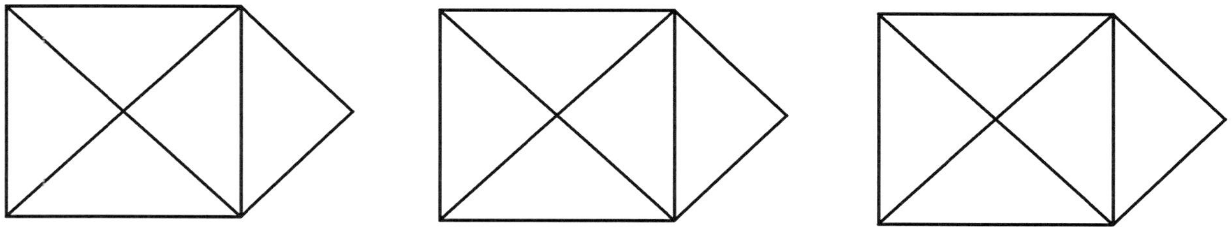

②

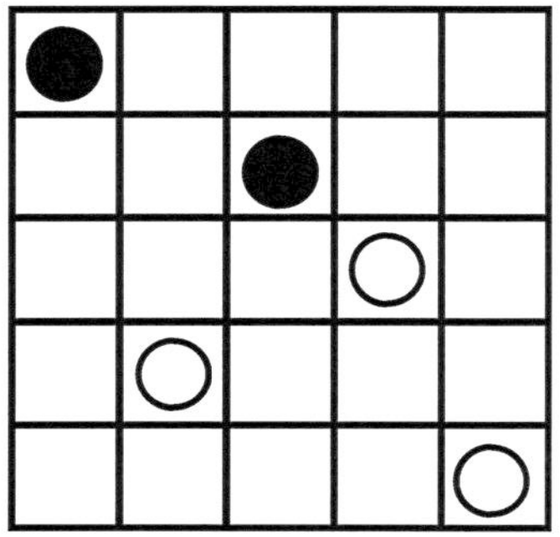

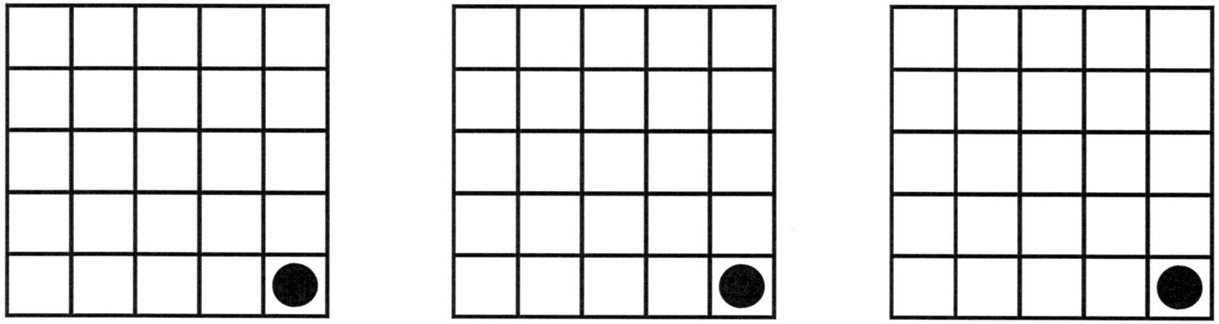

③

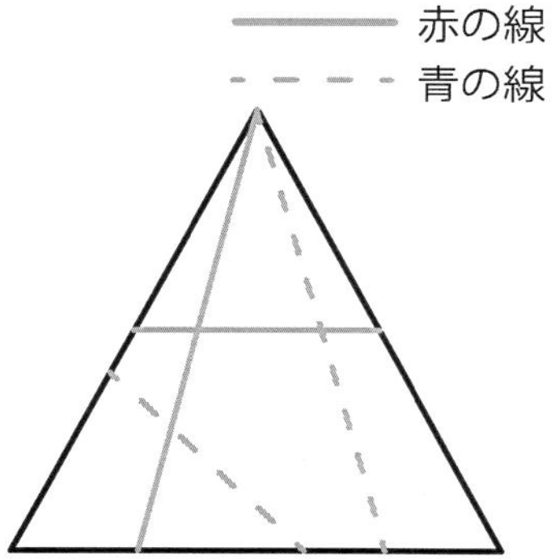

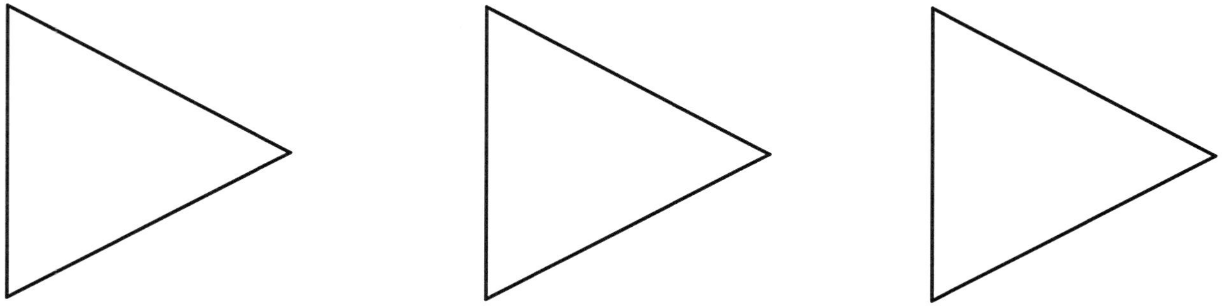

問題 7

問題8

2021年度入試
解答例・学習アドバイス

解答例では、制作・巧緻性・行動観察・運動といった分野の問題の答えは省略されています。こうした問題では、各問のアドバイスを参照し、保護者の方がお子さまの答えを判断してください。

問題1　分野：複合（常識・言語・巧緻性）

〈解 答〉　下図参照

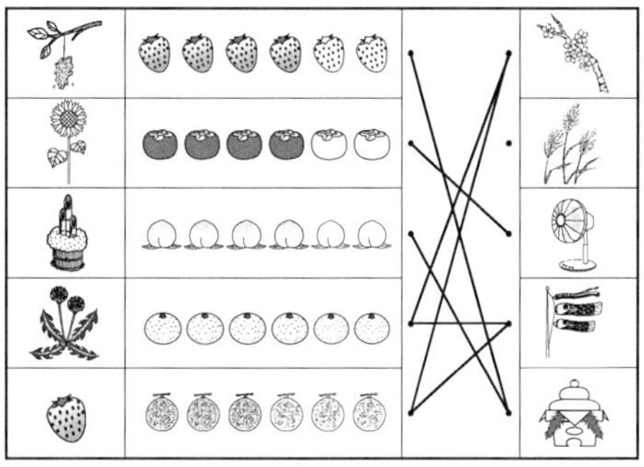

当校の入試問題は一昨年から大きく傾向が変わっています。1番目立つのが本問のような複合問題の出題が増えたことでしょう。意図としては自分で考え、問題を解決するという資質を持った児童を入学させたい、といったところでしょうか。ここでは「言葉の音」に関する知識と季節などの常識を聞いています。音についての答えは「そのくだものの色で塗る」という指定までされているので、混乱しないようにしてください。また、「同じ季節のものを線でつなぐ」という問題では答えが2つあるなど、油断していると足をすくわれそうです。個々の分野、問題に対する学習はもちろんですが、知識だけでなく、問題の意図を理解してから答えるという能力まで要求される「難しい試験」が当校の入試です。

【おすすめ問題集】

Ｊｒ・ウォッチャー34「季節」、60「言葉の音（おん）」

問題2　分野：常識（理科）

〈解答〉　下図参照

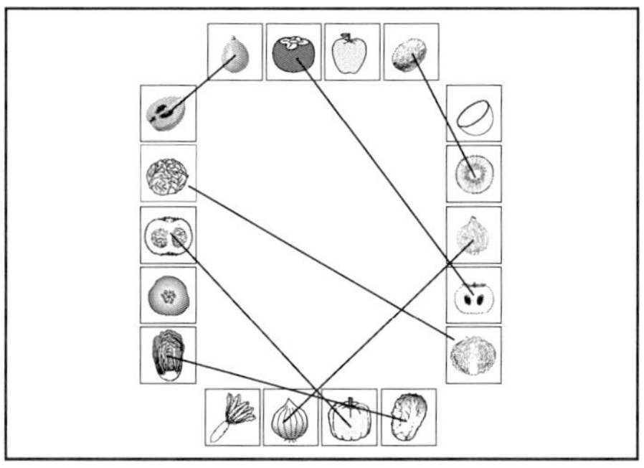

内容はシンプルな問題ですが、選択肢の数が多いので複雑に見える問題です。関西の学校ではこのように、野菜やくだものの外見と断面図を結ぶという問題が時折出題されます。知識がないと解けない問題なので事前の学習が必要でしょう。その知識をつける手段として、図鑑やWebを活用するのも手ですが、なるべく実物を見せるようにしましょう。その方がお子さまの記憶に残ります。当校の問題らしく、どの選択肢とも線でつながらないダミーの選択肢があるなど、一筋縄では答えられないという点に注意です。

【おすすめ問題集】

Ｊｒ・ウォッチャー27「理科」、55「理科②」

問題3　分野：言語（いろいろな言葉）

〈解答〉　下図参照

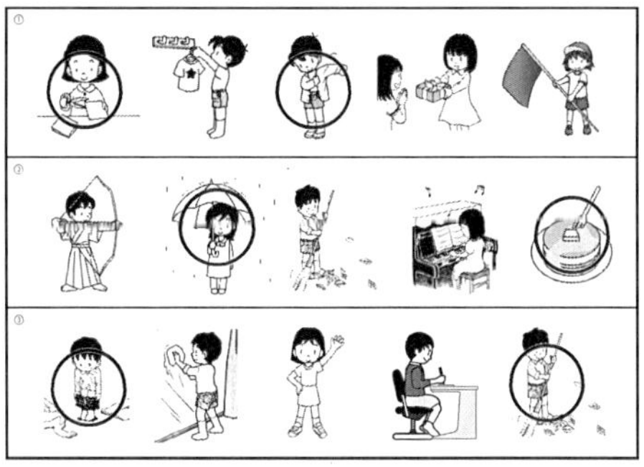

当校の入試は言語分野の出題が定番になっています。この問題のように言葉の意味を聞くもの、しりとりのように言葉遊びを扱ったものなど、バリエーションが多いので、語彙を増やすだけでなく、過去問や言語分野の問題集などで練習しておいた方がよいでしょう。また、机の前での学習だけでなく、ふだんの会話も学習に活用するようにしてください。実際に言葉を使うことによって、単にイラストを見て「～だ」と答えられるという言葉の知識が、「その言葉をどのように使うかがわかる」という知識に変化します。

【おすすめ問題集】

Ｊｒ・ウォッチャー18「いろいろな言葉」

問題4　分野：複合（記憶・図形）

〈解答〉　下図参照

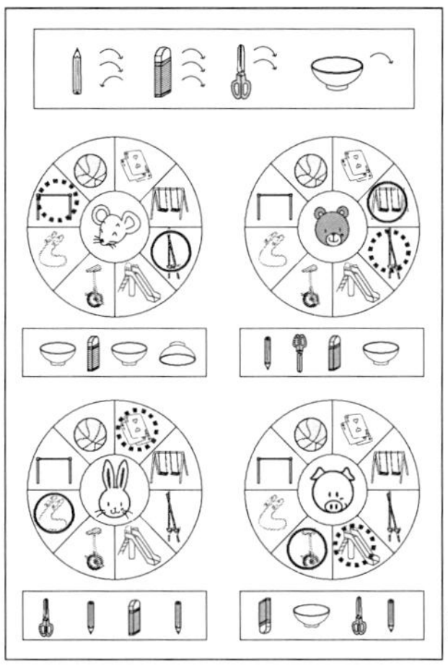

※点線の◯は「緑の◯」に対応したものです。

①は記憶の問題ですが、特に説明の必要はないでしょう。落ち着いて答えてください。②は位置の移動の問題です。移動のルールが複雑なので、混乱しないように気を付けましょう。あまりスマートな解き方はなく、１マスずつ移動させていくしか手はありません。こういった問題に慣れているお子さまなら、「結局、鉛筆のイラストは右に１マス動くだけ」ということに気付くかもしれませんが、かかる手間に大差はありません。結局は集中力とそれを問題を解く時に維持する忍耐力が必要な問題だということになります。

【おすすめ問題集】

Ｊｒ・ウォッチャー20「見る記憶・聴く記憶」、「座標の移動」

問題5　分野：複合（言語・数量）

〈解答〉　下図参照

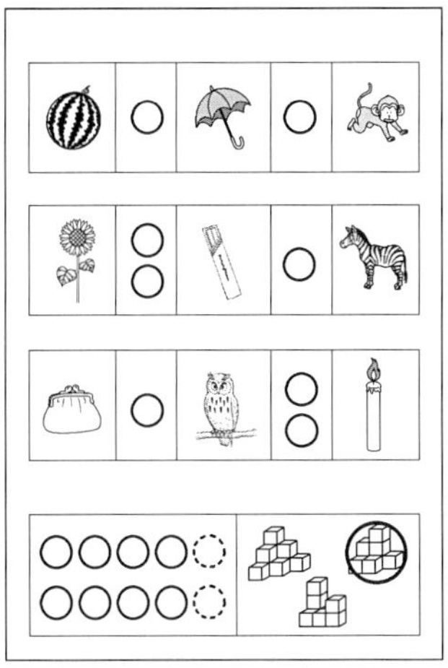

前述したように言語は頻出分野です。ここでは言葉の音について出題されています。それほど難しくはありませんが、あまり見たことのない出題方法です。問題の意味を理解するのに手間取ったお子さまは問題の答えを覚えるのではなく、過去問などを参考にして問題の意味を正確に理解する練習をしましょう。②③は単純な数量の問題です。①がわかったからといって集中を切らすと、こういった問題でも間違ってしまうものです。ケアレスミスで点を失うのはあまりにもったいないので注意してください。

【おすすめ問題集】
　Ｊｒ・ウォッチャー16「積み木」、49「しりとり」、60「言葉の音（おん）」

問題6　分野：複合（図形・模写）

〈解答〉　省略

単なる模写ではなく、回転した図形を描くという問題です。問題文では触れられていないので答えのイラストを見てそのことに気が付かなくてはならない、ということになります。何も考えなくても①はできるでしょうが、②・③に関しては「回転するとどのようになるか」をイメージしてからでないと答える（図形を描く）のが難しいかもしれません。よくわからなかったというお子さまに、見本の形を切り取り回転させる様子を見せる、というのはよい解説方法ですが、実際の試験ではそんなことをしている時間はありません。簡単な図形なら、右に回すとこのようになる、鏡に映すとこのようになるというイメージができる程度には図形分野の学習を深めておきましょう。

【おすすめ問題集】
　Ｊｒ・ウォッチャー23「切る・貼る・塗る」、46「回転図形」

問題7　分野：制作

男子の制作の課題です。当校の制作課題はそれほどテクニックが必要なものではなく、指示と時間を守り、年齢なりの結果を出せばそれほど悪い評価はされません。お話というほどの長さはありませんが、状況説明があるのでよく聞いてください。理解していないと、結果的に指示を守らなかったということになります。道具の扱いについては基本的な「切る・貼る・塗る」といった程度のものしか要求されないので、一通り作業ができれば充分です。念を入れて準備をする必要はありません。

【おすすめ問題集】
　実践 ゆびさきトレーニング①②③、Ｊｒ・ウォッチャー23「切る・貼る・塗る」

問題8　分野：制作

女子の制作の課題です。男子のものとほぼ同じ内容ですから、それほど難しいものではありません。かなり時間が余ってしまうでしょう。「空白のところに絵を描く」という課題があるので、余裕があればそちらに時間を使ってください。終わったからといって散漫になるとチェックされる可能性があります。また、特徴の１つに「後片付けの指示」が必ず課題の最後にあるので注意してください。よく観察されているだけなく、意外と課題の中での配点が高くなっている場合が多いようです。

【おすすめ問題集】
　実践 ゆびさきトレーニング①②③、Ｊｒ・ウォッチャー23「切る・貼る・塗る」

問題9　分野：行動観察

今年の入試は、事前にWebで課題の歌・踊りなどが配信され、それを覚えておくようにという指示がありました。ここでは除菌シートで自分の机を拭いた後、「手を洗おう」というWeb配信された曲を振り付きで演じたとのことです。問題には不要なので書いていませんが、衝立を両側に立て、周りが見えないようにしていたそうです。試験前に練習をしていないとひと目でわかります。踊りの上手下手は評価に関係ありませんが、「覚えておくように」という指示を守っていないと思わると、試験に対する本気度が疑われるかもしれません。

【おすすめ問題集】
　実践 ゆびさきトレーニング①②③、Ｊｒ・ウォッチャー23「切る・貼る・塗る」

問題10　分野：運動（リズム運動）

前問と同じく、事前にWebで課題の歌を使った歌と運動の課題です。この課題の場合は見本を見せたようなので、それを見れば歌うこともなわとびをすることもできたかもしれませんが、やはりある程度は準備をしておいた方が、落ち着いて課題に臨めるので、手を抜くべきではありません。なわとびは例年出題されているものとほぼ同じです。小学校受験の運動の課題としてはかなり難しいものなので、なわとびができるお子さまでも一応は練習しておいてください。ただし、年齢なりの運動能力を評価するものなのでうまくできないからと言って、落ち込む必要はありません。指示を守り、積極性を見せられればそれでよいのです。

【おすすめ問題集】

新運動テスト問題集、Ｊｒ・ウォッチャー28「運動」

問題11　分野：行動観察

男子への行動観察の課題です。今回の入試では行動観察を行ってない学校が多かったのですが、当校では、グループの人数を減らして行われました。内容は例年と同じく協調性をチェックするものです。今年のお子さまの中には、コミュニケーション、特に同じ年頃のお子さまとコミュニケーションを取る機会が少なかったかもしれないので、ある意味難しい課題になったでしょう。状況も改善されつつあるので、お子さまがほかの人、同じ年頃のお子さまと触れ合う機会も増えてくるはずですが、保護者の方はお子さまが家族以外とのコミュニケーションを取る機会を設けるように意識してください。その経験がこういった時に活きてきます。

【おすすめ問題集】

Ｊｒ・ウォッチャー29「行動観察」

問題12　分野：行動観察

女子への行動観察の課題です。内容は男子と同じく協調性をチェックするものです。グループの人数が男子よりも１人多く、３人で行う課題になっています。当校の行動観察の特徴として話し合って役割を決めることが多いので、「話し合いで決める」ということに慣れておいた方がよいかもしれません。なかなかそういった機会もないというのなら、家族の間でもかまいません。親子の間でも、相手の意志を理解して、それに納得する、意見を言うといったものは同じはずです。また、内容のわりに時間が短いのでテキパキと行動しましょう。評価にはあまり関係ないかもしれませんが、時間切れは避けたいところです。

【おすすめ問題集】

Ｊｒ・ウォッチャー29「行動観察」

問題13　分野：親子活動（行動観察・口頭試問）【男子】

男子に出題された親子活動の課題です。「保護者がコップの並べ方の動画を見る」→「保護者が指示して、お子さまが並べる」という課題となると、保護者の方の表現力が評価されているような気がしますが、そこはあまり観察していないかもしれません。むしろ、ふだんどのようにお子さまと接しているか、ひいてはお子さまにとっての家庭がどのような環境かといったところを観察していると考えましょう。命令するのではなく、説明し、お子さまが納得した上で行動しているといったことが伝わればよいのです。お子さまの機嫌を取れということではありません。あくまでコミュニケーションが成り立っていることを示す機会と考えてください。

【おすすめ問題集】
新口頭試問・個別テスト問題集、Ｊｒ・ウォッチャー29「行動観察」

問題14　分野：親子活動（行動観察・口頭試問）【女子】

女子に出題された親子活動の課題です。男子と違って単なる共同作業なので、あまり注意するポイントはありません。ふだんどおりに行動すればよいのではないでしょうか。観察されるのは、ふだんどのようにお子さまと接しているか、家庭環境というところは男子と同じです。なお、最近は「鏡もち」もさまざまで、既製品を買って終わりという家庭も多いでしょう。小学校受験では常識問題でも見られるように、現在の家庭にはない生活用品や行われていない家庭の行事について聞いてくることがあります。これは出題者がズレているわけではなく、「そうした知識も持っていてほしい」という考えで出題されることが多いようです。

【おすすめ問題集】
新口頭試問・個別テスト問題集、Ｊｒ・ウォッチャー29「行動観察」

問題15　分野：面接（志願者・保護者面接）

面接は親子活動の後、同じ会場で行われます。志望動機などの一般的質問のほか、出願書類や保護者アンケートの内容に対する質問もあるようです。保護者アンケートにどのようなことを書いたかは覚えておきましょう。また、出願書類に貼り付ける写真（お子さまの遊んでいる写真）に関しての質問もあります。ありのままでよいのですが、できれば常識的なものの方が答えやすいので、そういった写真を貼っておきましょう。やわらかな雰囲気で行われる面接のようなので、マナーに関しても「明らかに問題がある行動」さえしなければそれほど問題にはならないでしょう。緊張のあまり、ふだんはしないことをしてしまったり、よくわからないことを緊張のあまり言ってしまう方がよほど問題です。リラックスして臨んでください。

【おすすめ問題集】
面接テスト問題集、新・保護者のための面接最強マニュアル、
小学校受験の入試面接Ｑ＆Ａ

問題16　分野：保護者アンケート

保護者アンケートは、お子さまの考査中に40分間で保護者が記入しますが、内容はアンケートというより作文なので、ある程度は準備しておかないと時間内に仕上げることはできないでしょう。内容も前回よりは具体的と言うか、実際の生活でありそうなテーマになっています。お子さまの状況を担任教員に伝えるという文章では、お子さまや家庭の状況を確実に相手に伝えるということが求められているので、流麗な文章というより、わかりやすく具体的なことを書いてください。「教育ノート」は問題にも書いてあるように、当校の教育方針などが書かれているものです。これに関しては質問されそうなことを事前にまとめておきましょう。その上で願書などに書くとの同じような教育や当校への入学への意思が表れている文章が書ければ上出来でしょう。とは言え、物理的にこれを事細かに評価している時間はなさそうなので、常識的なことが書かれていればそれほど問題にはならない、とも思えます。来年も同じ内容になるとは限りませんが、こういったものがアンケートで要求されるということだけは知っておきましょう。

【おすすめ問題集】

新 小学校受験 願書・アンケート・作文文例集500

大阪教育大学附属天王寺小学校　専用注文書

年　　月　　日

合格のための問題集ベスト・セレクション

＊入試頻出分野ベスト３

1st　お話の記憶

集中力　聞く力

2nd　図　形

思考力　観察力

3rd　行動観察

聞く力　話す力　思考力

分野は広く、基礎から応用まで思考力を問う試験です。「親子活動」「保護者作文」も導入されています。お子さまの学力だけなく、保護者も試される試験になったと言えるでしょう。

分野	書　名	価格(税込)	注文	分野	書　名	価格(税込)	注文
図形	Ｊｒ・ウォッチャー1「点・線図形」	1,650円	冊	推理	Ｊｒ・ウォッチャー31「推理思考」	1,650円	冊
図形	Ｊｒ・ウォッチャー6「系列」	1,650円	冊	常識	Ｊｒ・ウォッチャー34「季節」	1,650円	冊
常識	Ｊｒ・ウォッチャー11「いろいろな仲間」	1,650円	冊	図形	Ｊｒ・ウォッチャー46「回転図形」	1,650円	冊
数量	Ｊｒ・ウォッチャー14「数える」	1,650円	冊	図形	Ｊｒ・ウォッチャー47「座標の移動」	1,650円	冊
推理	Ｊｒ・ウォッチャー15「比較」	1,650円	冊	言語	Ｊｒ・ウォッチャー49「しりとり」	1,650円	冊
言語	Ｊｒ・ウォッチャー17「言葉の音遊び」	1,650円	冊	巧緻性	Ｊｒ・ウォッチャー51「運筆①」	1,650円	冊
言語	Ｊｒ・ウォッチャー18「いろいろな言葉」	1,650円	冊	巧緻性	Ｊｒ・ウォッチャー52「運筆②」	1,650円	冊
記憶	Ｊｒ・ウォッチャー19「お話の記憶」	1,650円	冊	常識	Ｊｒ・ウォッチャー55「理科②」	1,650円	冊
記憶	Ｊｒ・ウォッチャー20「見る記憶・聴く記憶」	1,650円	冊	推理	Ｊｒ・ウォッチャー58「比較②」	1,650円	冊
巧緻性	Ｊｒ・ウォッチャー22「想像画」	1,650円	冊	言語	Ｊｒ・ウォッチャー60「言葉の音（おん）」	1,650円	各　冊
巧緻性	Ｊｒ・ウォッチャー23「切る・貼る・塗る」	1,650円	冊		新 願書・アンケート・作文文例集500	2,860円	冊
常識	Ｊｒ・ウォッチャー27「理科」	1,650円	冊		1話5分の読み聞かせお話集①②	1,980円	各　冊
運動	Ｊｒ・ウォッチャー28「運動」	1,650円	冊		新 個別テスト・口頭試問問題集	2,750円	冊
行動観察	Ｊｒ・ウォッチャー29「行動観察」	1,650円	冊		新 運動テスト問題集	2,420円	冊

合計	冊	円

（フリガナ） 氏　名	電　話 ＦＡＸ E-mail
住 所　〒　　　－	以前にご注文されたことはございますか。 有　・　無

★お近くの書店、または記載の電話・FAX・ホームページにてご注文をお受けしております。
電話：03-5261-8951　FAX：03-5261-8953　代金は書籍合計金額＋送料がかかります。
※なお、落丁・乱丁以外の理由による商品の返品・交換には応じかねます。
★ご記入頂いた個人に関する情報は、当社にて厳重に管理致します。なお、ご購入の商品発送の他に、当社発行の書籍案内、書籍に関する調査に使用させて頂く場合がございますので、予めご了承ください。

2020年度の入試問題

問題17　分野：記憶（お話の記憶）

〈準備〉　鉛筆、クーピーペン

〈問題〉　**この問題の絵は縦に使用してください。**

今日は日曜日です。けんちゃんが家で本を読んでいると、「おつかいに行ってきて」とお母さんが言いました。けんちゃんが、「いいよ」と答えると、お母さんはけんちゃんに買うものを書いたメモとお金を渡しました。けんちゃんにメモを見せながら、「これとこれは八百屋さん、これはお肉屋さんで、買ってきてね。もしお金が余ったら、ご褒美に好きなおかしを買ってもいいよ」と言いました。けんちゃんは「はーい」と返事をし、バッグを買ってもらったばかりの赤い自転車に入れて出かけました。八百屋さんに向かう途中、けんちゃんはしょうたくんに会いました。しょうたくんもお母さんに頼まれて、パン屋さんにおつかいでした。２人はいっしょに買物に行くことにしました。八百屋さんに着くと、けんちゃんはお店の人にメモを見せて、ニンジンとジャガイモを買いました。すると、八百屋のおじさんが「１人でおつかいとは偉いねえ。これもおまけしてあげるよ」と言って、おいしそうなトマトを１つおまけしてくれました。「ありがとう」と八百屋さんにお礼を言ったけんちゃんは、お肉屋さんに行きました。お肉屋さんに行く途中、今度はピアノを習いに行くみみちゃんに会いました。「けんちゃん、おつかいなんて偉いわね」とほめてもらったけんちゃんは、少し照れながら「みみちゃんもピアノの練習をがんばってね」と言って別れました。お肉屋さんでもお店の人にメモを見せてソーセージを買うと、けんちゃんはしょうたくんと一緒にパン屋さんに行き、しょうたくんは食パンを買いました。帰る途中、ミミちゃんが公園のブランコで遊んでいるのを見たけんちゃんは「ピアノの練習は終わったの？」とミミちゃんに聞くと、ミミちゃんは「先生が風邪をひいてお休みになったの」と答えました。しょうたくんが、「おつかいが終わったらいっしょに遊ぼうよ」と声をかけると、「ここで待っているよ」とミミちゃんが言いました。おつかいを済ませて無事に家に戻ったけんちゃんとしょうたくんは、お母さんに頼まれたものとおつりを渡すと、すぐにみみちゃんのいる公園に向かいました。

①けんちゃんが２番目に行ったお店はどこですか。○をつけてください。
②けんちゃんが八百屋さんのおじさんからおまけにもらったものを選んで、○をつけてください。
③けんちゃんの自転車の色と同じものを選んで○をつけてください。
④みみちゃんは何の練習に行く途中でけんちゃんに会ったでしょう。正しいものを選んで○をつけてください。

〈時間〉　各30秒

〈解答〉　①肉屋　②トマト　③イチゴ　④ピアノ

学習のポイント

当校のお話の記憶は、日常生活の一場面を描いたものが多いようです。似たような経験があれば、お子さまにとってはわかりやすく、記憶もしやすいでしょう。しかし、変わったものが登場しない、お話に突飛な展開がない、ということはお子さまにとっては印象に残りにくいということになるかもしれません。当校の問題を解いて、話の流れはわかっているのに、肝心の問題で聞かれていることが思い出せない、ということがあるのもそのせいでしょう。お話を聞くことに慣れてくると自然にお話の場面がイメージでき、「～は～色」「誰が～した」といった細かい点も記憶できるのですが、まだその段階ではないというお子さまは以下のような練習をしてください。①お話に出てくる人・ものを復唱しながら聞く。②お話を聞いた後に自分で問題を作る。③簡単でよいのでお話の一場面を絵にしてみる。いずれもお話の情報を整理するためのテクニックです。

【おすすめ問題集】

１話５分の読み聞かせお話集①・②、１話７分の読み聞かせお話集入試実践編①
お話の記憶　初級編・中級編・上級編、Ｊｒ・ウォッチャー19「お話の記憶」

問題18　分野：巧緻性（点・線図形）

〈準備〉　鉛筆、クーピーペン

〈問題〉　左に書かれた見本と同じになるように点をつないでください。描いた形を好きな色で塗ってください。

〈時間〉　３分

〈解答〉　省略

学習のポイント

見本の通り図形を描く、線を引くという課題は当校で頻出します。もちろん滑らかで美しい線を引いた方がよいのですが、必要以上にこだわる必要はありません。ここでは、指示を理解しているかと筆記用具が正しく使えているかをチェックされると考えてください。線が少々歪んでいても気にすることはありません。鉛筆は正しく握っていないと筆圧が強くなって線が太くなったり、滑らかに線が引けなくなります。それが疑われるような結果でなければよい、ということです。色鉛筆で塗る時も同じで、センスや器用さはそれほど評価されません。時間内に年齢相応の作業ができていれば、何の問題もないでしょう。なお、線の始点と終点を視界に入れてペン先を動かすようにすると、思い通りのものに近い線が引けるようになります。

【おすすめ問題集】

Ｊｒ・ウォッチャー１「点・線図形」、51「運筆①」、52「運筆②」

問題19　分野：複合（推理・数量・巧緻性）

〈準 備〉　鉛筆

〈問 題〉　**この問題の絵は縦に使用してください。**

①１番上の段を見てください。左側の四角の「？」のところに●（黒い丸）を置くと●と●に挟まれた○（白い丸）は●に変わります。その時の●の数と同じ数の積み木を右側の四角から選んで○をつけてください。その下の②も同じように答えてください。

③下から２番目の段を見てください。空き缶を３個、お店に持って行くとジュースが１本もらえます。もらったジュースをお家へ持って帰り、コップに注ぐと左の四角のようになりました。真ん中の四角の空き缶をお店に持っていった時、もらったジュースはどこまで入りますか。右の四角のコップにジュースが入るところまでの線を引いてください。その④も同じように答えてください。

〈時 間〉　各１分30秒

〈解 答〉　下図参照

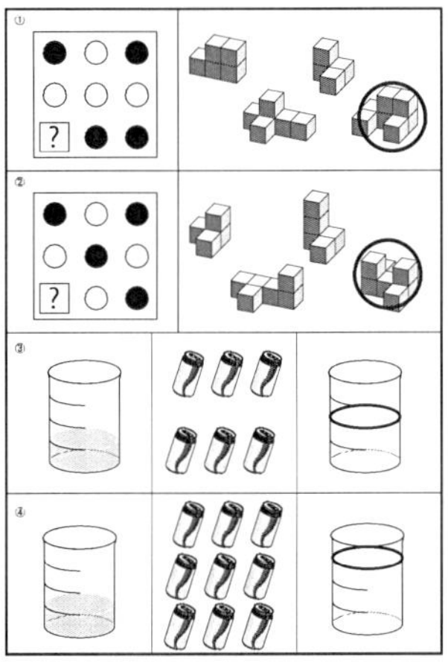

学習のポイント

①②はオセロと積み木の四方観察を合わせた複合問題、③④は、「置き換え」の考え方がわかっていないと答えるのが難しい数量の問題です。①②は、オセロのルールを知っていれば即答できると思いますが、そうでなければかなり難しい問題になります。当校ではこういった「経験」があった方が解きやすい問題が時々出題されるので、学習だけでなく、遊びを含めた生活で経験を積みかねておいてください。何が役に立つかわかりません。③④は「空き缶３個＝ジュース１本＝コップの１目盛りの量」という置き換えの関係がわかればよいのですが、こういった問題に慣れていないと一度聞いただけではピンとこないのではないでしょうか。こちらは復習と練習をすれば身に付けられるものですから、同じような問題を数多く解いておきましょう。

【おすすめ問題集】

Ｊｒ・ウォッチャー31「推理思考」、42「一対多の対応」、57「置き換え」

問題20　分野：制作（指示制作）

〈準備〉　鉛筆、クーピーペン、ハサミ、のり

〈問題〉　今からサイコロを組み立ててもらいます。
①○を青色で塗ってください。
②○を下にした時、上になる四角に好きなお友だちの顔を書いてください。
空いている四角には乗りものの絵を描いてください。
③太線で絵を切り抜いてください。
④のりを使ってサイコロを組み立ててください。

〈時間〉　①１分　②３分　③５分　④５分

〈解答〉　省略

学習のポイント

男子・女子共通の出題です。複雑な作業はないので、年齢相応に道具が使えれば問題ありません。１度練習しておけば十分でしょう。難しいのは、サイコロを組み立てる前に、完成したサイコロを想像して絵を描く面を決めなければならないことです。小学校入試を受ける年頃のお子さまは空間を認識する能力はまだ未発達ですから、完成したサイコロがどうなるのかわからなくて当たり前です。対策としては、経験してその仕組や結果を覚えるしか方法はないので、とりあえずこの問題のサイコロを作ってみましょう。次はどのように作ればよいのかがわかるはずです。

【おすすめ問題集】
Ｊｒ・ウォッチャー５「回転・展開」、23「切る・貼る・塗る」

問題21　分野：複合（言語・常識）

〈準備〉　鉛筆

〈問題〉　**この問題の絵は縦にして使用してください。**
①上の段で言葉のはじめの音が「か」のものを選んで○をつけてください。
②上の段で言葉のはじめの音が「す」のものを選んで△をつけてください。
③上の段の絵の言葉のはじめの音をつなげるとできるものを下の段から選んで◎をつけてください。
④すべての絵から『桃太郎』のお話に出るもの選んで□をつけてください。

〈時間〉　①②④各30秒　③２分

〈解答例〉　下図参照

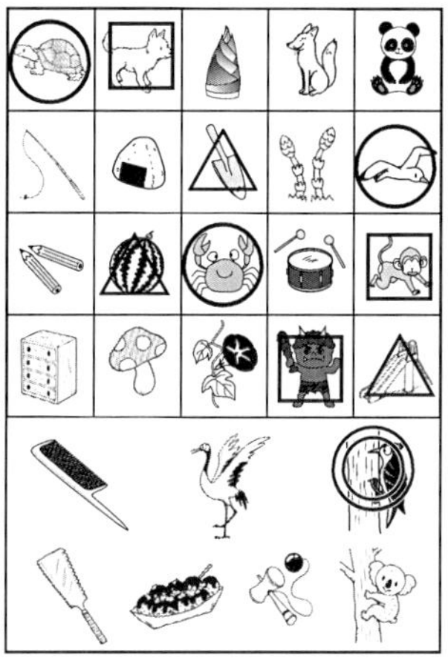

学習のポイント

③は頭語（名詞の最初の音）をつなげて言葉を探すという問題です。わかりにくい絵はないので難しくはないでしょうが、時間がない上に絵が多いので、素早く判断をして答えてください。戸惑っていると解答時間が足りなくなります。④はそれまでの問題とは関係のない知識を問う問題です。当校では有名な童話や昔話に関する知識がよく出題されるので、有名なお話については一通り押さえておきましょう。「～のお話に出てくるのは誰か」といった形で登場人物について聞くことが多いようです。

【おすすめ問題集】

Ｊｒ・ウォッチャー17「言葉の音遊び」、18「いろいろな言葉」、
60「言葉の音（おん）」

問題22　分野：複合（対称・模写）

〈準 備〉　鉛筆

〈問 題〉　**この問題の絵は縦に使用してください。**
2つの形を真ん中の点線で折った時、上の形がぴったり重なるように下の形に記号を書いてください。

〈時 間〉　5分

〈解 答〉　下図参照

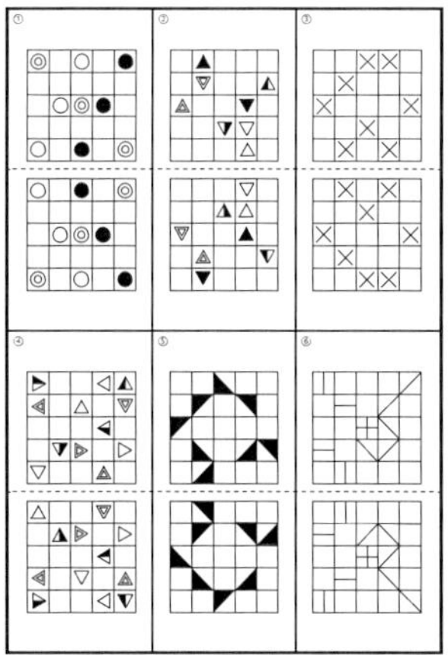

学習のポイント

上の図形の対称図形を下の対応するマス目にひたすら書くという、ほぼ作業のみの課題です。変わっているのは左右対称ではなく、上下対称ということですが、だからと言って難しくはないので、効率よく書き写していきましょう。①を解けばコツもわかってくるでしょう。○なら○ばかり書き写していってよいのですが、慣れていないと混乱してしまうので、見本の左上から右へと見本を見ながら上下反転した形を書くのがよいかもしれません。テンポよく進めないと時間内に答えられないので注意してください。

【おすすめ問題集】
　Ｊｒ・ウォッチャー35「重ね図形」、46「回転図形」

問題23　分野：数量（選んで数える）

〈準備〉　鉛筆

〈問題〉　**この問題の絵は縦に使用してください。**
それぞれの段の左の四角に描いてあるものを下の四角から見つけて、その数だけ右の四角に○を塗ってください。

〈時間〉　３分

〈解答〉　①５　②６　③７

学習のポイント

同じようなものばかりが登場していますが、正確にカウントするには、まず区別をはっきりとつける必要があります。その絵のどこが違うかを明確にして、それを基準にしながら１つずつ分類していくのです。こうした数多くのものを数えるという作業に慣れていなければ、印をつける、同じものを○で囲むなどの工夫をしてもよいですが、あくまでそれは便宜的な方法と考えてください。10までのもの（集合）なら、一目でいくつあるかがわかる程度に数に対する感覚を磨いておかないと、時間内に答えられない問題が入試では登場します（１問30秒以内で答えるように設定されてるものが多い）。そうした問題はハウツーを使うと時間内に答えられない仕組みになっていることが多いのです。

【おすすめ問題集】
　Ｊｒ・ウォッチャー４「同図形探し」、37「選んで数える」

問題24　分野：記憶（お話の記憶）

〈準備〉　鉛筆

〈問題〉　今日は太郎君と花子さんが通っている幼稚園の遠足の日です。行き先は動物園です。太郎君は生まれたてのライオンの子どもがいるという話を聞いていたので、遠足をとても楽しみにしていました。背中のリュックの中にはお弁当とハンカチ、ティッシュ、それから、雨が降った時のために折りたたみ傘が入っています。花子さんはあまり動物が好きではないので、あまり遠足に行くのが楽しくありません。リュックに折りたたみ傘も入れていません。口には出しませんが、「今から雨が降って遠足が取りやめにならないかな」と思っていました。幼稚園を出発すると電車に乗り、その後にバスに乗って動物園へ行きました。動物園の前には白や黄色のコスモスの花がたくさん咲いています。２人はまず、ライオンの赤ちゃんを見に行きました。赤ちゃんはライオンの檻の隅の箱に毛布にくるまれて寝ていました。次はサルを見に行くことにしました。サルたちは、山に登ったり木から木に飛び移ったり、シーソーで遊んだりしていました。シーソーで楽しそうに遊んでいるサルたちを見て、太郎君が「僕も一緒にシーソーで遊びたいな」と言いました。その時、花子さんが「太郎君、お弁当の時間だよ」と言ったので、太郎君はびっくりしました。太郎君がサルに夢中になっている間に、いつの間にかお昼になっていたのです。２人は近くの原っぱで、お弁当を食べることにしました。花子さんのお弁当はレタスとハムのサンドイッチで、太郎君のお弁当は梅干しの入ったおにぎりです。お弁当を食べ終わると、花子さんはウマのところへ、太郎君はカメのところへ行きました。花子さんがウサギを抱っこしていると、一緒に来ていた園長先生が「ウサギさんをしっかり抱っこしていてね」と言って、カメラで写真を撮りました。花子さんは「こんなよいお天気なら、動物園も楽しいな」と思いました。

①花子さんと太郎君が行ったのはどこですか。○をつけてください。
②太郎君が持って行かなかったものはどれですか。○をつけてください。
③園長先生は何を持っていましたか。持っていたものに○をつけてください。
④帰る時、バスの次に乗った乗り物は何ですか。その乗り物に○を書いてください。

〈時間〉　①②③各30秒　④45秒

〈解答〉　①左から２番目（動物園）　②左端（スマートフォン）
③右から２番目（カメラ）　④右端（電車）

学習のポイント

女子に出題されたお話の記憶の問題です。特に難しい問題はありませんが、設問④のように直接の話されていないことを聞かれると戸惑うかもしれません。「来る時に乗った乗り物を逆に並べればよい」という発想ができるのはもう少し成長してからでしょう。口頭で説明してもわからない時は、「家→駅→（電車）→駅→（バス）→動物園」というように、絵に描いて示してあげてください。なお、この問題ですが、出題時には絵が２枚に分けて描かれており、なおかつそれぞれにシールを貼るという作業があったそうです。「シールを貼ってから問題を解いてください」という指示です。問題の内容とは関係ありませんし、シール貼るという程度の巧緻性（器用さ）はみんな持ち合わせているでしょうから、そういったことは評価の対象ではありません。あくまで指示を聞いているか、そのとおりにできるかということを観察しているのです。

【おすすめ問題集】
　１話５分の読み聞かせお話集①・②、１話７分の読み聞かせお話集入試実践編①
　お話の記憶 初級編・中級編・上級編、Ｊｒ・ウォッチャー19「お話の記憶」

問題25　分野：巧緻性（線なぞり）

〈準備〉　鉛筆、クーピーペン

〈問題〉　点線で絵が描いてあります。点線の通りになぞって書いてください。なぞったら、その形を好きな色で塗ってください。

〈時間〉　３分

〈解答〉　省略

［2020年度出題］

学習のポイント

女子の巧緻性の課題です。同じような課題が男子にも出題されており、なぞる図形が少し複雑で、塗りにくいこと以外はほぼ同じです。特に対策は必要はありません。絵を描いているわけではないので、色彩感覚や独創性は評価の対象になっているわけでもないでしょう。作業が時間内に行えれば、それで問題ないということです。指示といっても「点線をなぞる」「塗る」という２つですから、戸惑うこともないはずです。ただし、自由な課題と言っても、塗った色がはみ出さいない程度の気はつかいましょう。特に、色鉛筆の持ち方など、年齢相応の巧緻性（器用さ）が備わっていないと判断されれば、合否にも関わってきます。雑な作業は厳禁です。後は作業後の片付けのマナーを含め、悪い意味で目立たないように気をつければ悪い評価は受けないはずです。

【おすすめ問題集】
Ｊｒ・ウォッチャー１「点・線図形」、51「運筆①」、52「運筆①」

問題26　分野：推理（系列、四方からの観察、位置の移動）

〈準備〉　鉛筆

〈問題〉　**この問題の絵は縦に使用してください。**
①上の段を見てください。お約束に従って形が並んでいます。空いている四角にあてはまる形を書いてください。
②真ん中の段を見てください。左の四角のように動物たちが積み木を見ています。右の四角の中から、ブタから見た積み木を選んで○、ネコから見た積み木を選んで△をつけてください。
③下の段を見てください。上の四角のお約束でウサギは動きます。１番下の四角の順番でウサギが動いた時、その上にいるウサギはどのように動くでしょうか。太い線のマス目にウサギが最後に止まるものを１番下のお約束から選んで○をつけてください。

〈時間〉　①②１分　②３分

〈解 答〉　下図参照

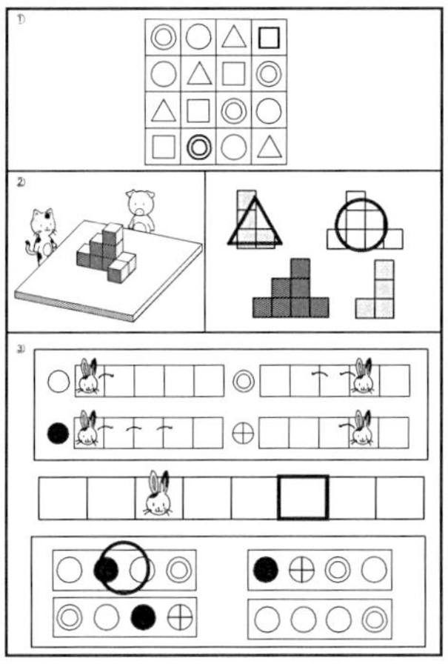

学習のポイント

①は系列の問題ですが、単純な直線の系列ではなく四角のマス目の系列です。しかも、見つけるお約束は「縦列、横列で○△□◎が１つずつある」です。並び順ではないので指で記号を押さえるといったハウツーは通用しません。難問です。②は四方観察の問題です。こちらはよく見かける問題ですが、それぞれの動物からどのように見えるかをイメージできる程度には、積み木を扱っておきましょう。遊びの延長で構わないので、とにかく積み木に触れておいた方が、類題を解くよりもイメージは湧きやすくなります。③は位置移動の問題です。この問題が難しい点は、ウサギが動くルールが複雑なこと、問題の意味がわかりにくいことです。簡単に言えば、「ウサギが太線の四角に止まるパターンの位置移動を選ぶ」という問題なのですが、一度聞いただけではなかなかわからないでしょう。

【おすすめ問題集】

Ｊｒ・ウォッチャー１「点・線図形」、３「パズル」、６「系列」、
14「数える」

問題27　分野：複合（言語・常識）

〈準 備〉　鉛筆

〈問 題〉　①「なわとび」と同じ音の数の言葉を選んで○をつけてください。
②『桃太郎』と『花咲かじいさん』両方のお話に出てくるものを選んで○をつけてください。

〈時 間〉　３分

〈解 答〉　①イノシシ、アサガオ　②イヌ、おじいさん

［2020年度出題］

学習のポイント

こういった問題には、語彙・知識の豊富さが必要です。絵本に出てくる動物や植物の名前を覚えることも大事ですが、日常生活の中で使われる言葉や季節の野菜・果物などについても名前を正しく覚えるように気を付けましょう。各家庭や地方独特の表現、ネットでの表現など一般的ではない表現は避けるようにしてください。また言葉遊びとしては、この問題にある「同頭語」のほかに、「同尾語」や「反対語」、「しりとり」などがあります。日頃からそれらの遊びでお子さまが知っている言葉の数を増やしましょう。

【おすすめ問題集】

Ｊｒ・ウォッチャー17「言葉の音遊び」、18「いろいろな言葉」、
60「言葉の音（おん）」

問題28　分野：図形（合成）

〈準備〉　サインペン（青色）

〈問題〉　左側の形を作るのにいらないものが右側の四角の中にあります。いらないものに×をつけてください。

〈時間〉　各１分

〈解答例〉　下図参照　　※×をしたピースの数が同じなら、正解としてください。

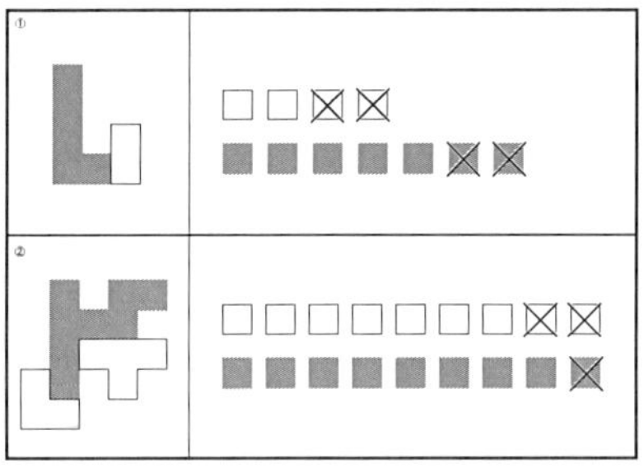

学習のポイント

図形の合成の問題ですが、ピースはすべて同じ正方形という問題です。でき上がった形に に分割する補助線があれば、すぐに答えがわかってしまうでしょう。例えば、①なら白い長方形を横に半分にすれば、正方形２つを使ったパズルだと考えるまでもなくわかかります。つまり、このパズルは図形の組み合わせではなく、正方形をいくつ使った形なのかを考えるものなのです。パズルの基本であると同時に、学習、特に試験のための学習では盲点になっている問題かもしれません。

【おすすめ問題集】

Ｊｒ・ウォッチャー３「パズル」、９「合成」、45「図形分割」、
54「図形の構成」

問題29　分野：運動（リズム運動）

〈準　備〉　縄跳びの縄、タンバリン、マット、
『さんぽ』『ピクニック』の音源・再生機器

〈問　題〉　**この問題の絵はありません。**
①（『さんぽ』の曲を流して）
音楽に合わせてマットの上に描いてある黄色い線を左右に飛び越えてください。
②縄跳びの縄を二つ折りにして、右手で持ち、上下にグルグルと回してください。タンバリンを１度鳴らしたら左手に持ち替えて、縄を回してください。
タンバリンをもう一度鳴らしたら終了です。
③マットの上で、マットからはみ出さないように縄跳びを跳んでください。タンバリンを１度鳴らしたら始めて、もう１度鳴らしたらやめてください。
④『ピクニック』という歌を聞きながら足踏みの練習をします。
（『ピクニック』の曲を流して、足踏みの見本を見せる、２分ほど練習）
１回目は『ピクニック』を１番だけ歌いましょう。足踏みはしません。
２回目は足踏みをしながら『ピクニック』を２番まで歌いましょう。

〈時　間〉　10分

〈解　答〉　省略

学習のポイント

男女共通の運動の課題です。男女共通の課題で、内容自体も数年前の入試よりかなり簡略化されています。その中の課題の１つになわとびがあります。なわとびはうまく跳べたほうがよいでしょうが、それが合否に直結するものではありません。むしろ、この運動も行動観察の１つと考えて、指示を聞く、それに従って行動するという２点を守るようにお子さまには念押ししておきましょう。年齢相応の運動能力を見せることができれば問題ないはずです。

【おすすめ問題集】
新運動テスト問題集、Ｊｒ・ウォッチャー28「運動」

問題30　分野：行動観察

〈準　備〉　折り紙（適宜）、セロハンテープ、カゴ

〈問　題〉　**この問題の絵はありません。**
（この問題は８人程度のグループで行う）
①今から玉入れをします。
②テープが引かれているところからカゴに向かってボールを投げてください。
③ボールは折り紙を丸めて、自分たちで作ってください。
※ボールを作る→投げるを数回繰り返す。
④カゴに入らなかったボールを片付けてください。

〈時　間〉　適宜

〈解　答〉　省略

学習のポイント

グループの行動観察です。グループに対する課題は協調性をチェックするものが多いのですが、この課題にはあまりそういった要素はないようです。競争することになるのでエキサイトしないこと、片付けの指示を忘れない、といったことができていれば問題ないでしょう。これは男子の課題です。女子は「紙飛行機とばし」でした。同じように「紙飛行機を作る→飛ばす」という課題ですが、こちらも共同作業の要素はあまりなく、指示もごく簡単なものです。２つの課題を見ると、積極性やリーダーシップのある志願者を見つけようというスタンスではなく、指示が理解できない、指示通りに行動できない志願者をチェックしているように思えます。

【おすすめ問題集】

新運動テスト問題集、Ｊｒ・ウォッチャー29「行動観察」

問題31　分野：親子活動（行動観察）【女子】

〈準備〉　カゴ、スモック、折り紙（細長いもの、３cm×15cm、５本程度）、輪ゴム、リング（２個）、のり、ウエットティッシュ
※カゴにそれ以外のものをあらかじめ入れておく。

〈問題〉　**この問題は絵を参考にしてください。**
①スモックを着てください。
②（モニターに作業の手順が映し出される）お手本を見ながら、折り紙とリングと輪ゴムをつないでください。

〈時間〉　３分

〈解答〉　省略

学習のポイント

女子の親子活動です。この課題では、親子活動と言っても保護者の方が行うのは「応援」だけですから、観察をする側にしてもわかることはあまりないはずです。あるとすれば、ふだんこうした状況でどのように接しているか、ということでしょうが、家庭によって差がつくようなものではありません。お子さまも保護者の方も妙な緊張をして、よそ行きの行動をするのでなく、お子さまはふだんどおりに作業して、保護者の方はふだんどおりに声をかければよいのです。

【おすすめ問題集】

新口頭試問・個別テスト問題集、Ｊｒ・ウォッチャー29「行動観察」

問題32　分野：親子活動（行動観察）【男子】

〈準備〉　カゴ、スモック、折り紙（８枚）、画用紙、プラスチックコップ（５個）、鉛筆（２本）、のり、ハサミ、ウエットティッシュ
※カゴにそれ以外のものをあらかじめ入れておく。
※志願者と保護者は同じ机に向かって座る。

〈問題〉　**この問題は絵を参考にしてください。**
①志願者はスモックを着てください。
②（モニターに作業の手順が映し出される）お手本を見ながら、保護者の方といっしょにタワーを作ってください。時間まで、できるだけ高くしてください。

〈時間〉　①適宜　②５分

〈解答〉　省略

学習のポイント

男子に出題された親子活動の課題です。こうした課題でチェックされるのは「ふだん親子でどのようにコミュニケーションををとっているか」という１点だと考えてください。この場で「～しなさい」と命令ばかりしてしまうと、ふだんから保護者の方がお子さまに意見・考えを押し付けているという評価をされかねません。この場限りのもので構わないので、お子さまが積極的に「～しよう」と発言し、保護者の方が適切なアドバイスをする、という形を目指してください。お子さまの積極性・能力と、保護者の方のお子さまへの理解の両方がアピールできるような立ち回りをしましょう。

【おすすめ問題集】
新口頭試問・個別テスト問題集、Ｊｒ・ウォッチャー29「行動観察」

問題33　分野：保護者アンケート

〈準備〉　筆記用具

〈問題〉　**この問題は保護者へのアンケートです。問題の絵はありません。**
（アンケート用紙はＡ４サイズで、志願者の考査中に実施される）
①本校のどのようなところに魅力を感じられましたか。
②入学後、交通機関でのマナーは保護者の方に指導していただきますが、現在はどのような指導をしていますか。また、入学後にどのような指導をしようと考えておられますか。
③保育園や幼稚園でどのようなＰＴＡ活動をされていますか。現在されていない方はどのような活動をしようと考えられていますか。
④今までにお子さまはお友だちとトラブルを起こしましたか。その時、どのように対処されましたか。トラブルがなかった場合は、トラブルになった時どのように対処するのかをお書きください。

〈時間〉　20分

〈解答〉　省略

学習のポイント

保護者アンケートは、お子さまの考査中に20分で保護者が記入します（時間はタイマーで計測）。ボールペンでの記入ですから、慎重に時間いっぱい使って記入するようにしましょう。2019年度入試から始まったこのアンケートを、いわば「保護者の試験」と考えて、美麗で模範的な解答を書かなくてはいけないとお考えかもしれませんが、評価する学校側は質問内容を正しく汲み取れているか、常識的な内容を書けているか、といったごくふうつの評価をします。国立小学校の入試では、よほど学校の教育方針にそぐわないことを書かない限りは問題ありません。取り繕わずに率直な考えを記入しましょう。

【おすすめ問題集】

新 小学校受験 願書・アンケート・作文文例集500

問題１７

①

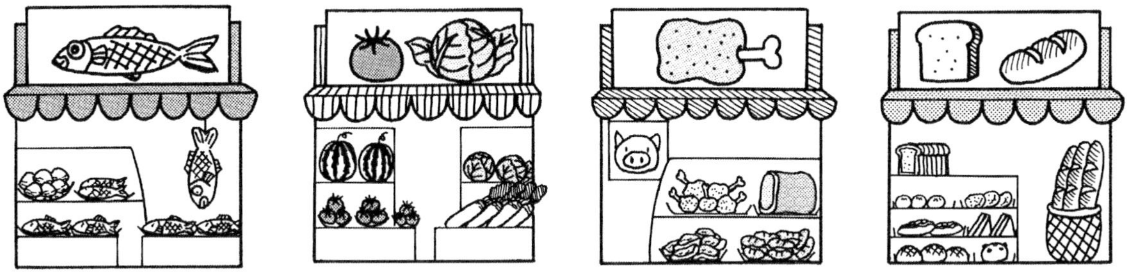

②

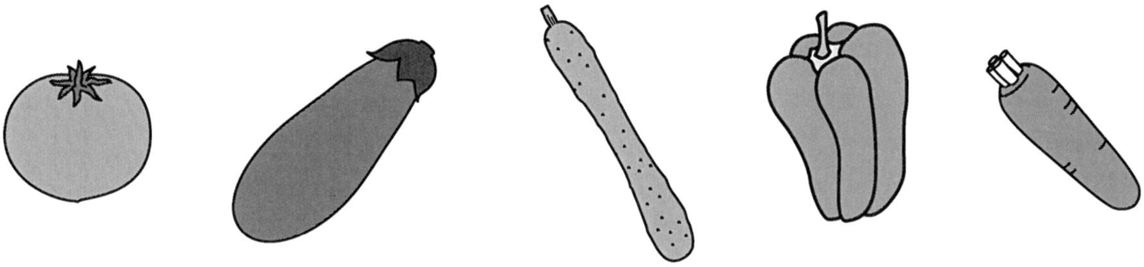

③

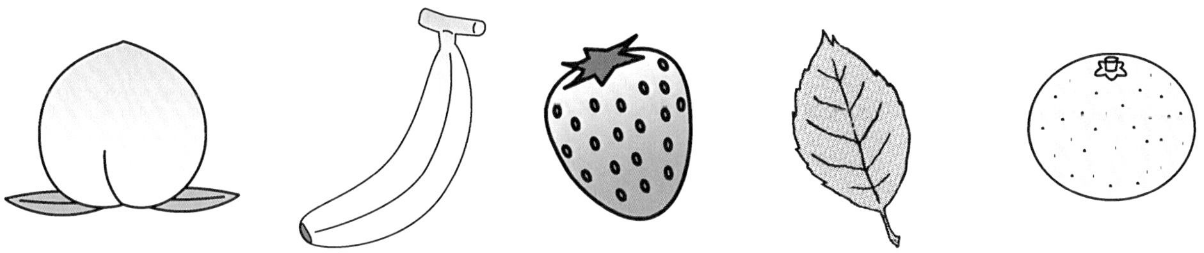

④

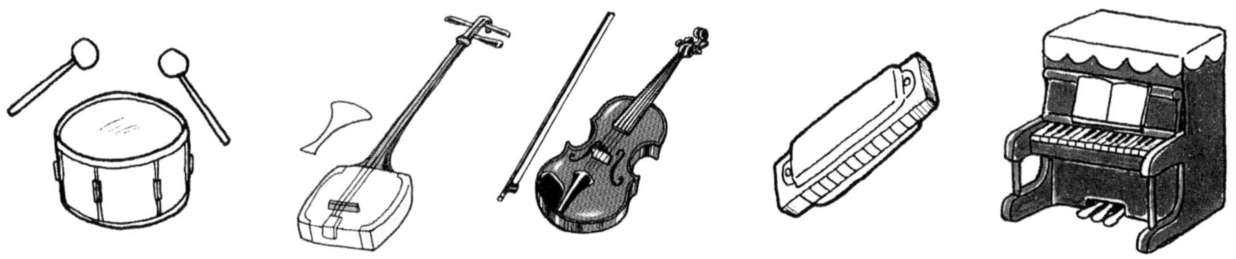

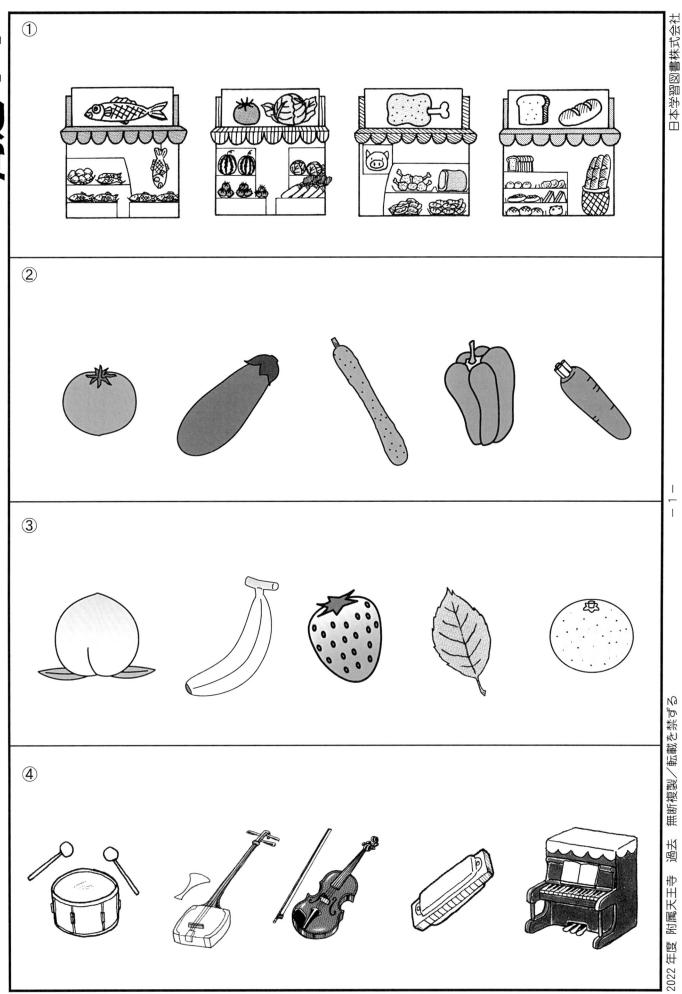

問題１８

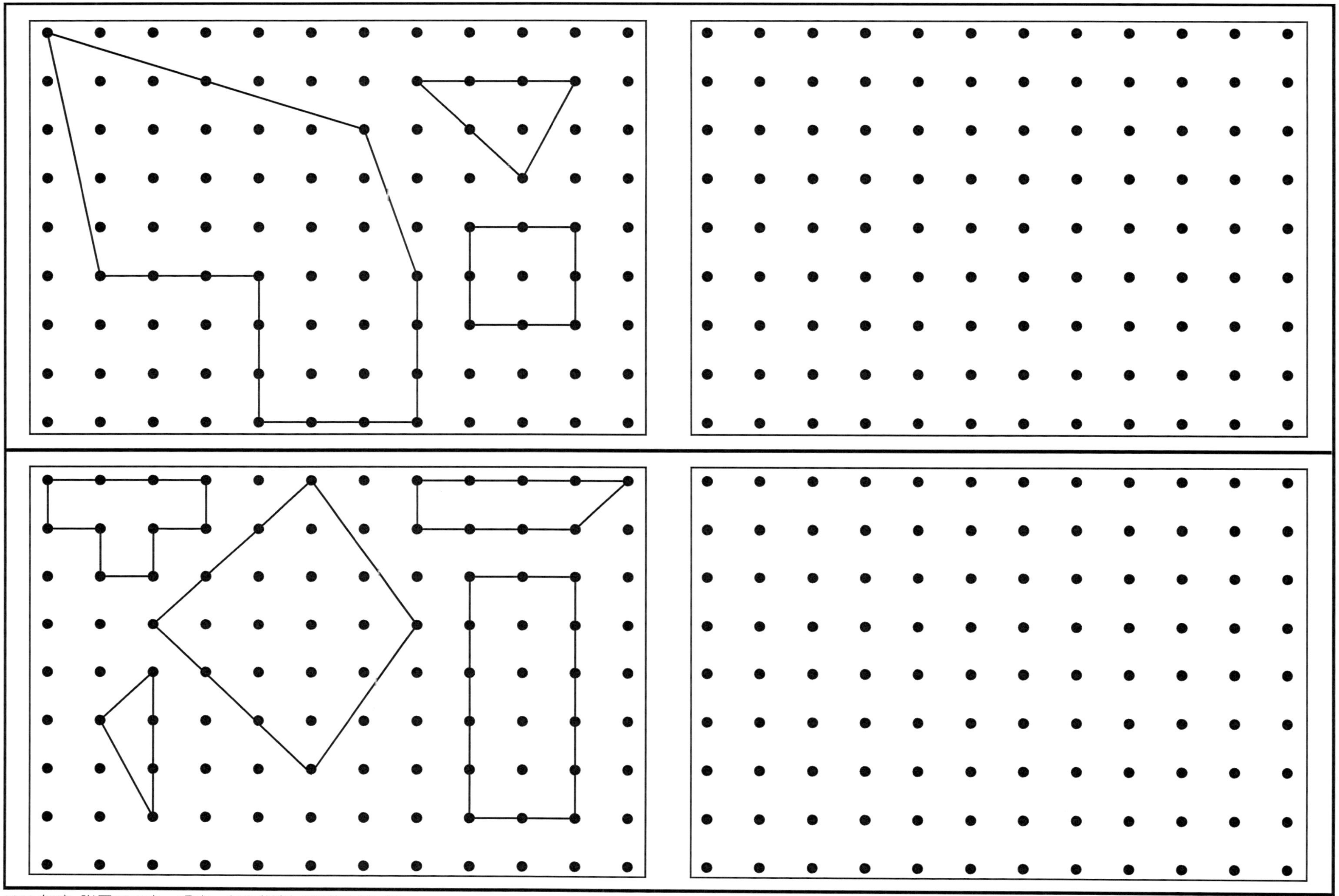

問題１９

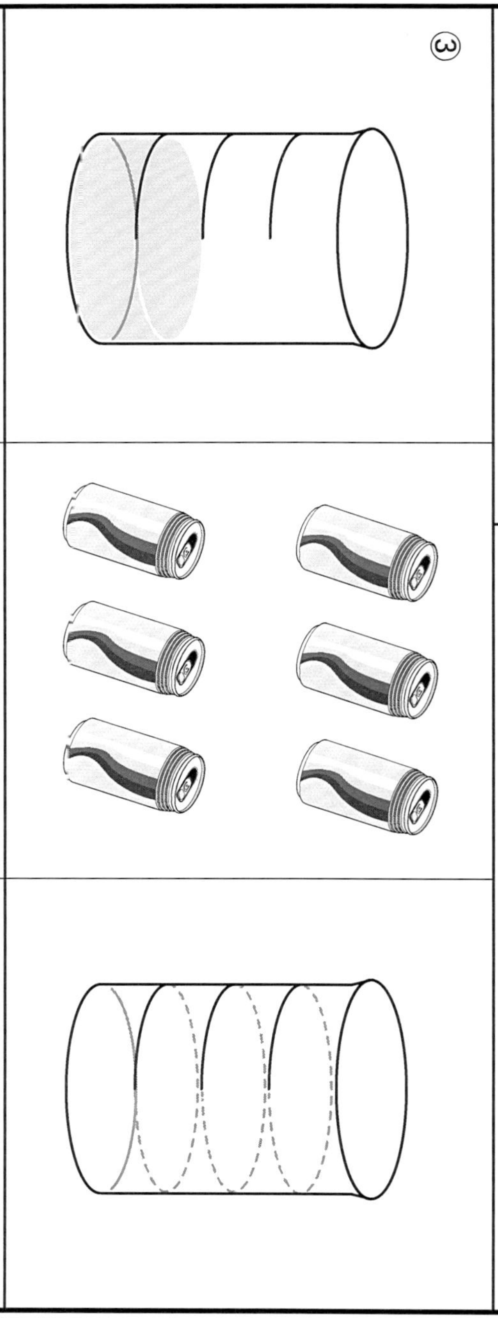

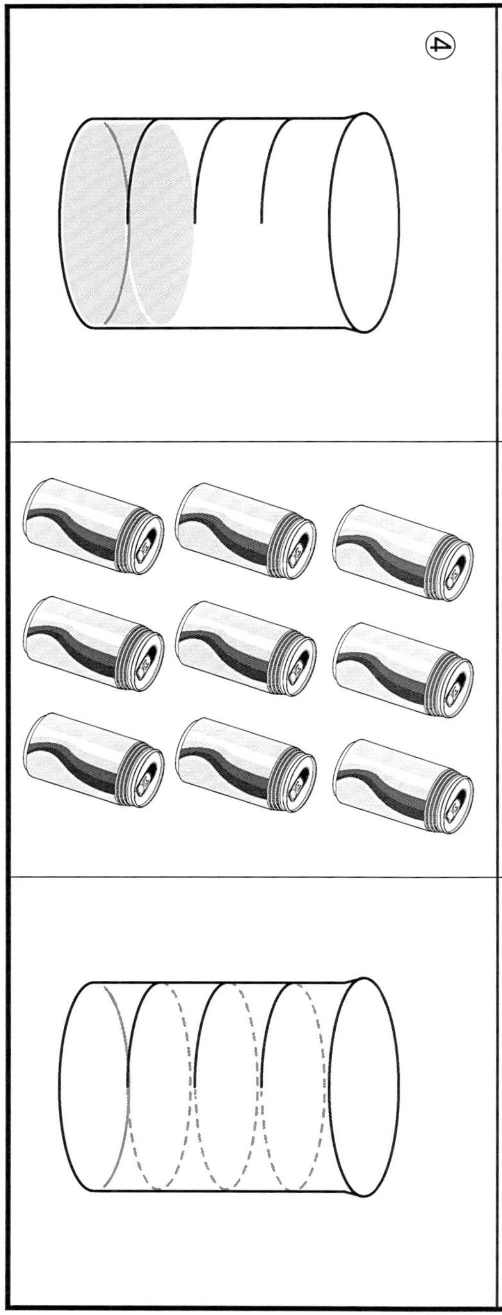

問題２０

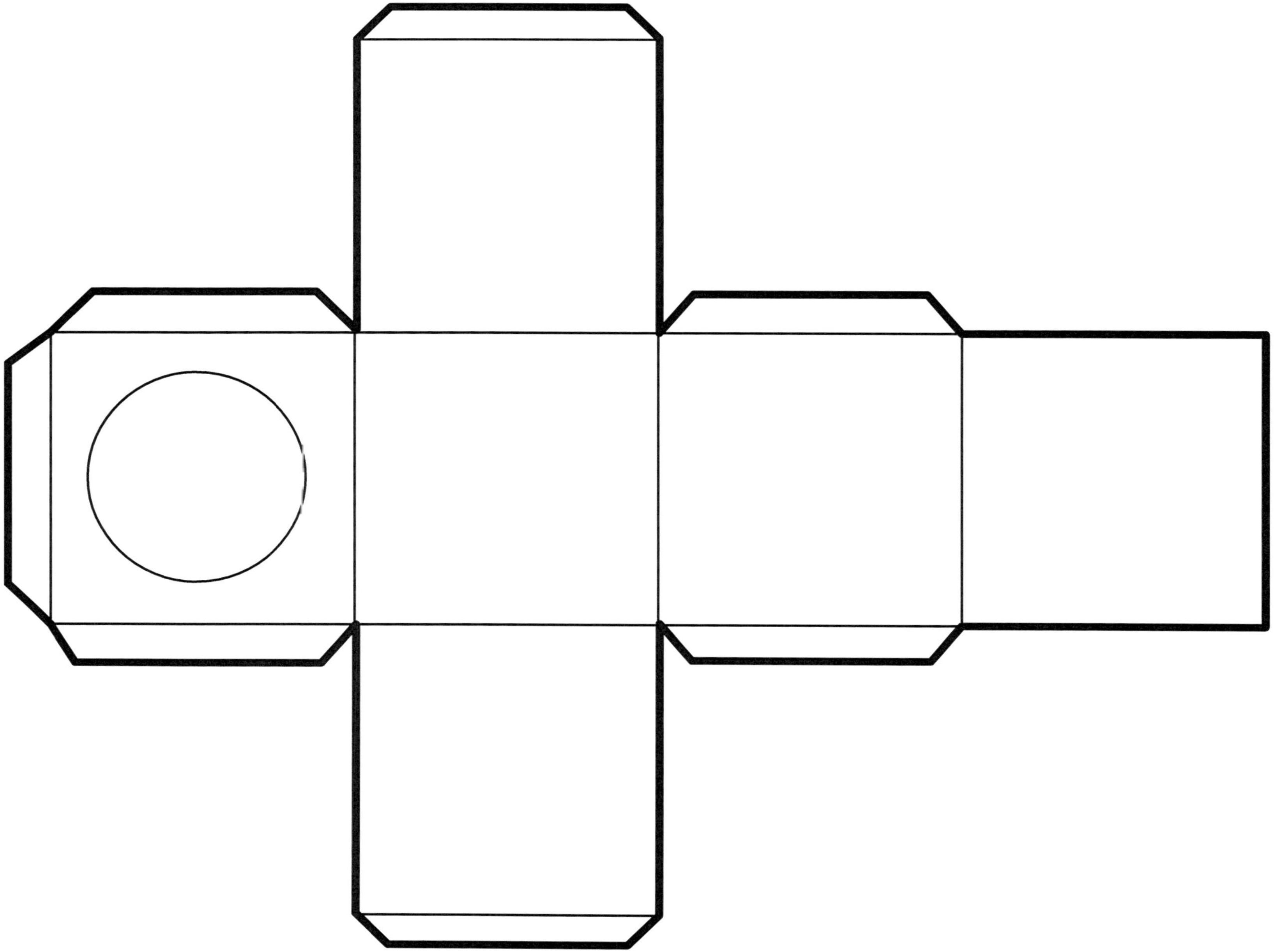

問題２１

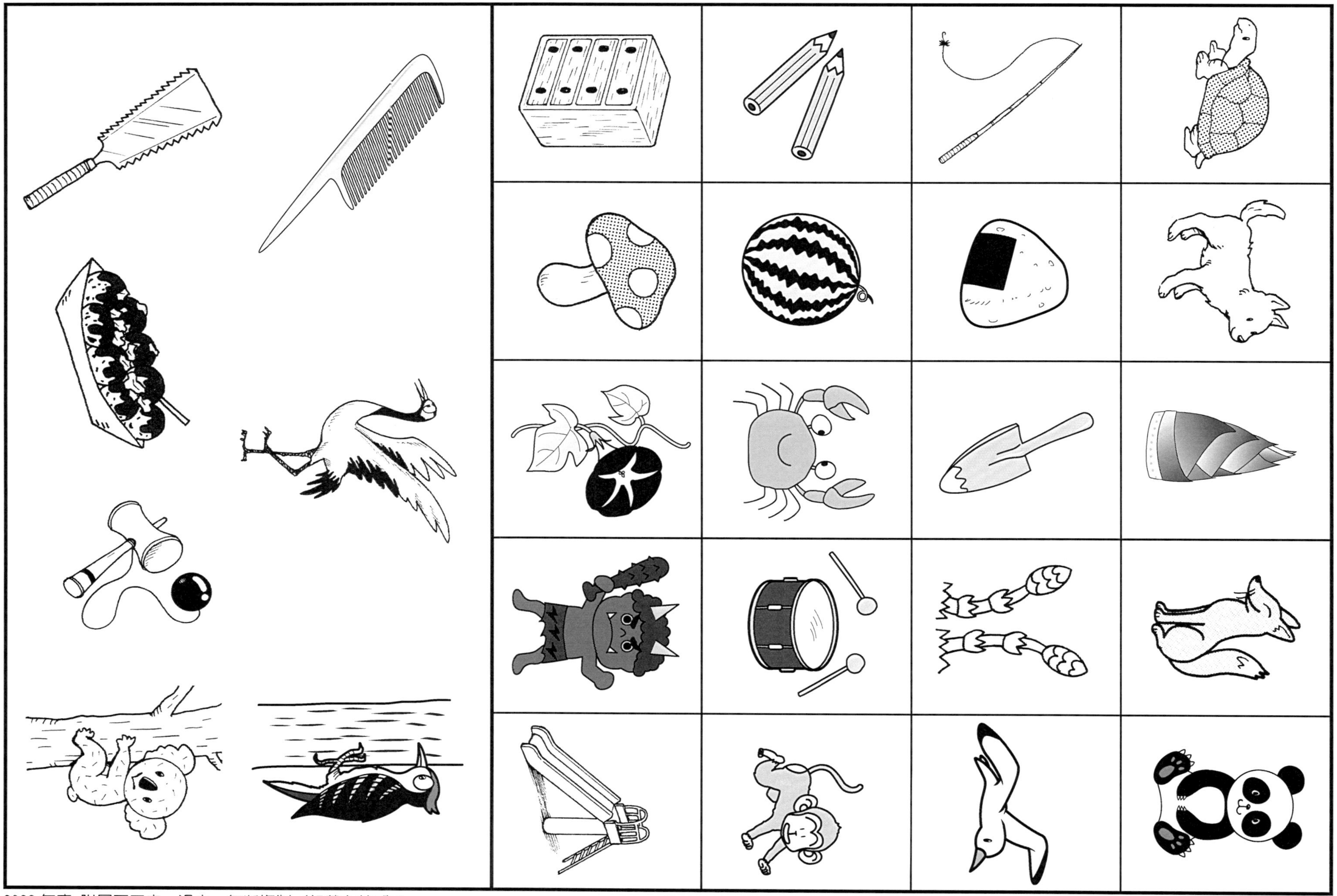

問題22

①

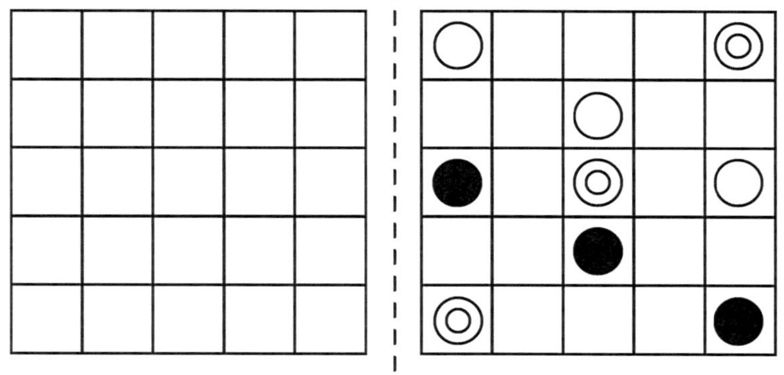

②

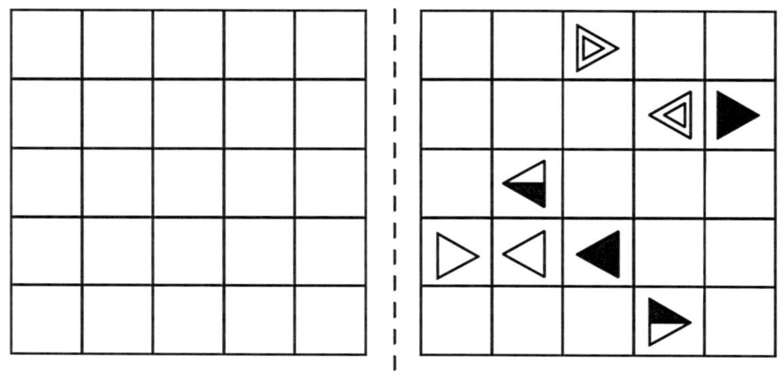

③

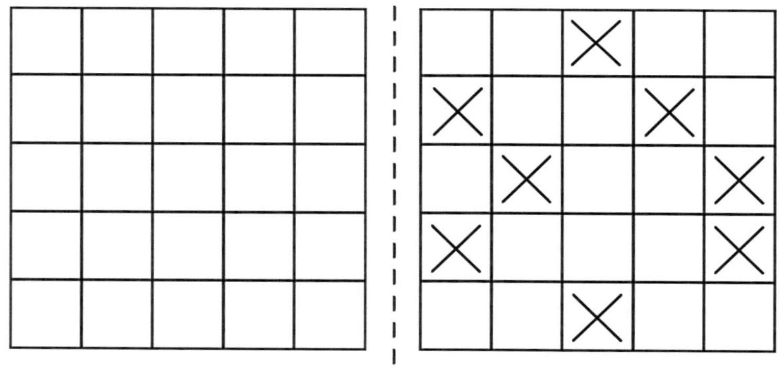

④

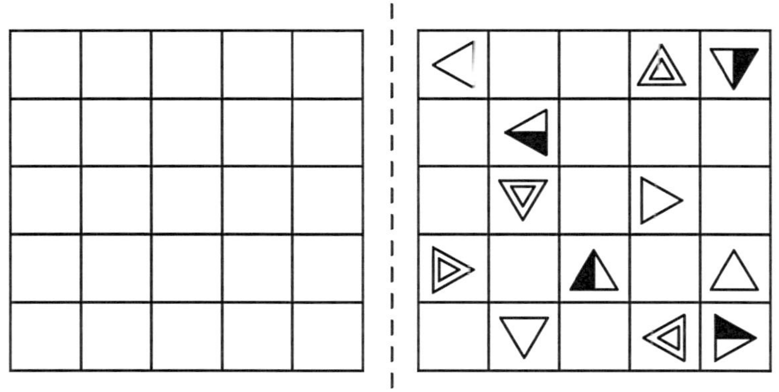

⑤

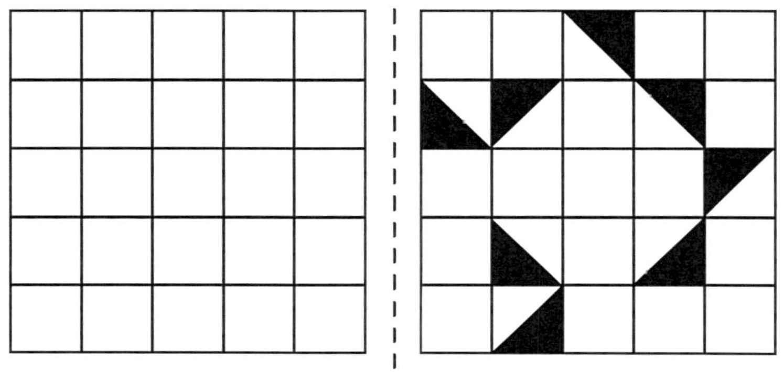

⑥

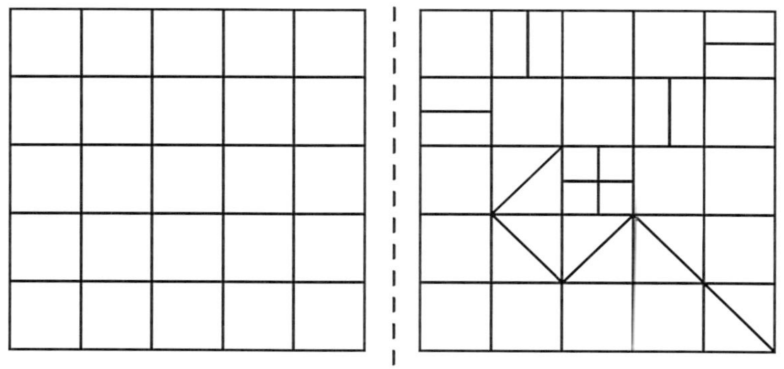

問題23

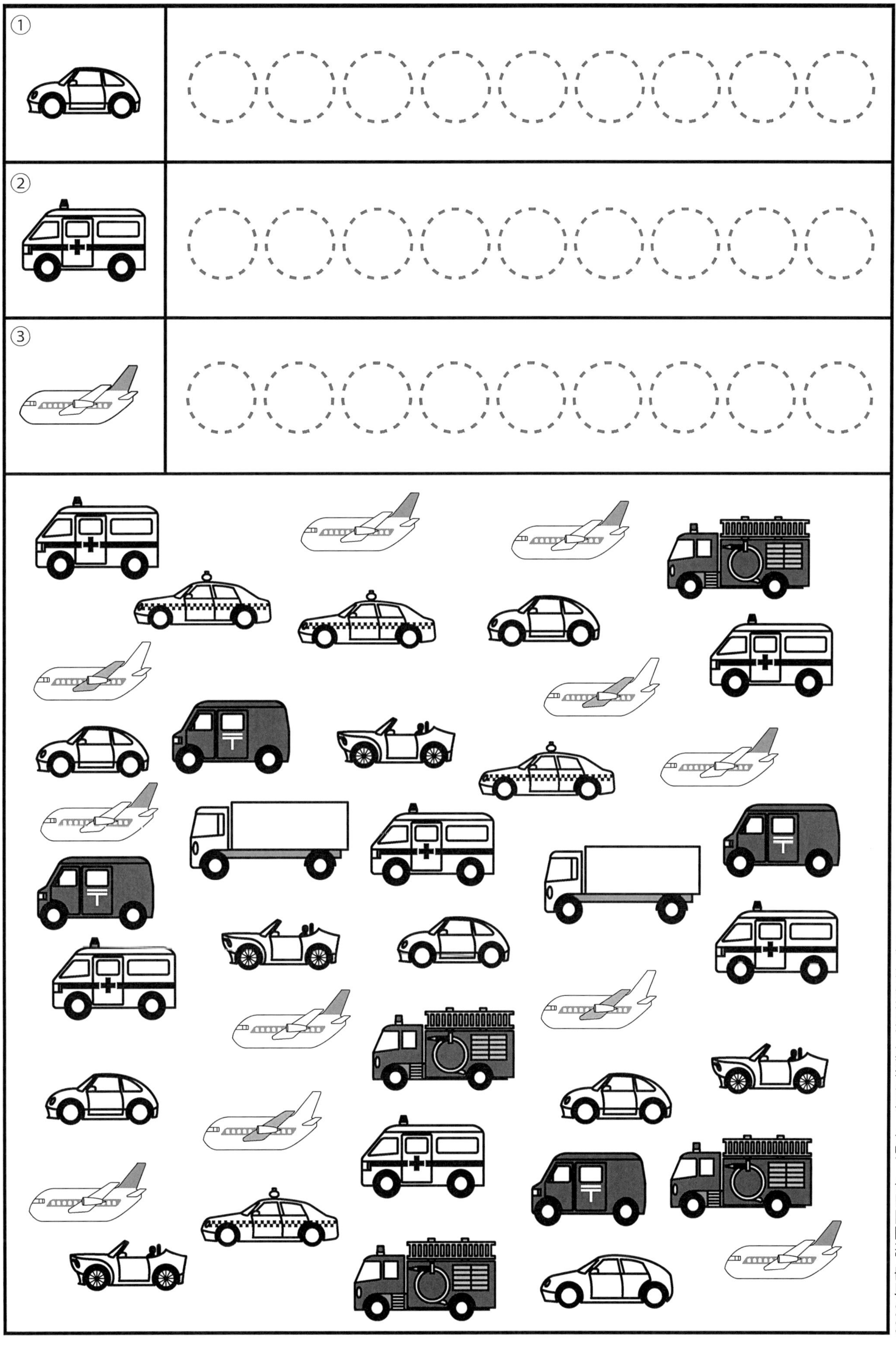

2022年度 附属天王寺 過去 無断複製／転載を禁ずる 日本学習図書株式会社

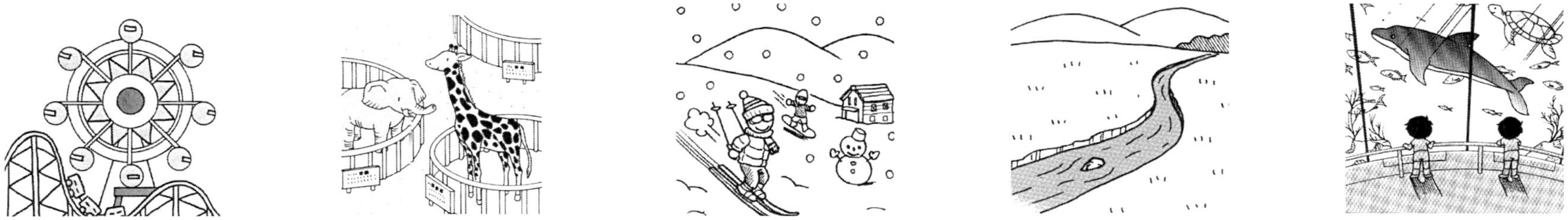

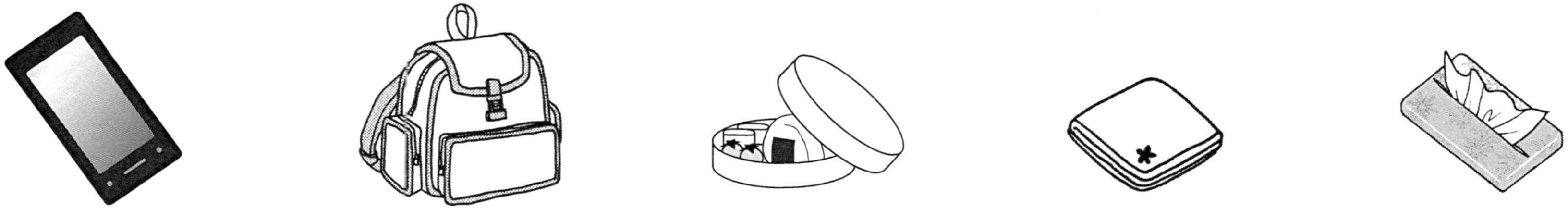

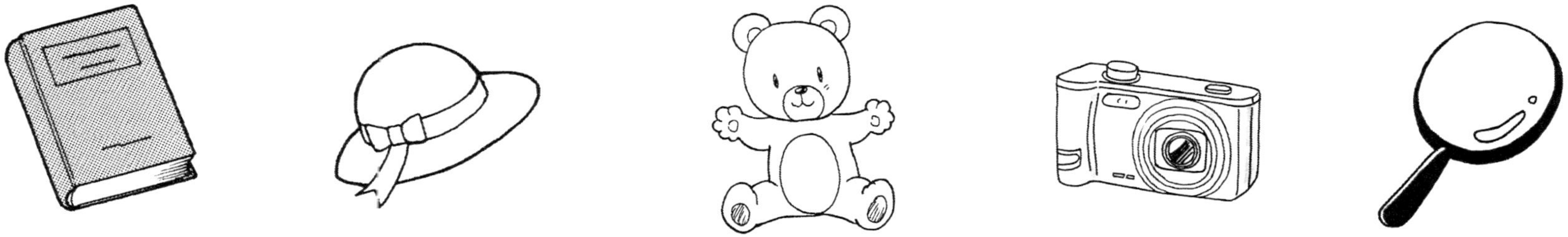

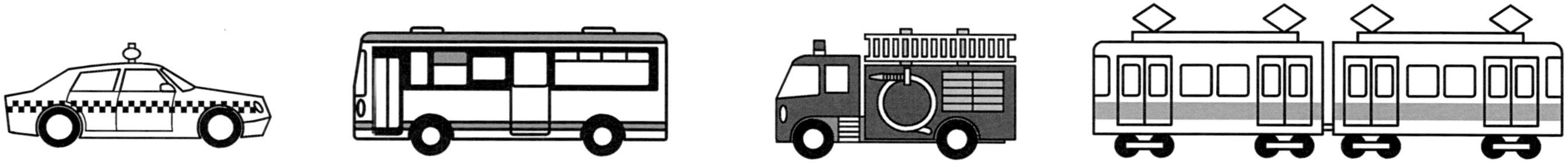

2022 年度 附属天王寺 過去 無断複製／転載を禁ずる 日本学習図書株式会社

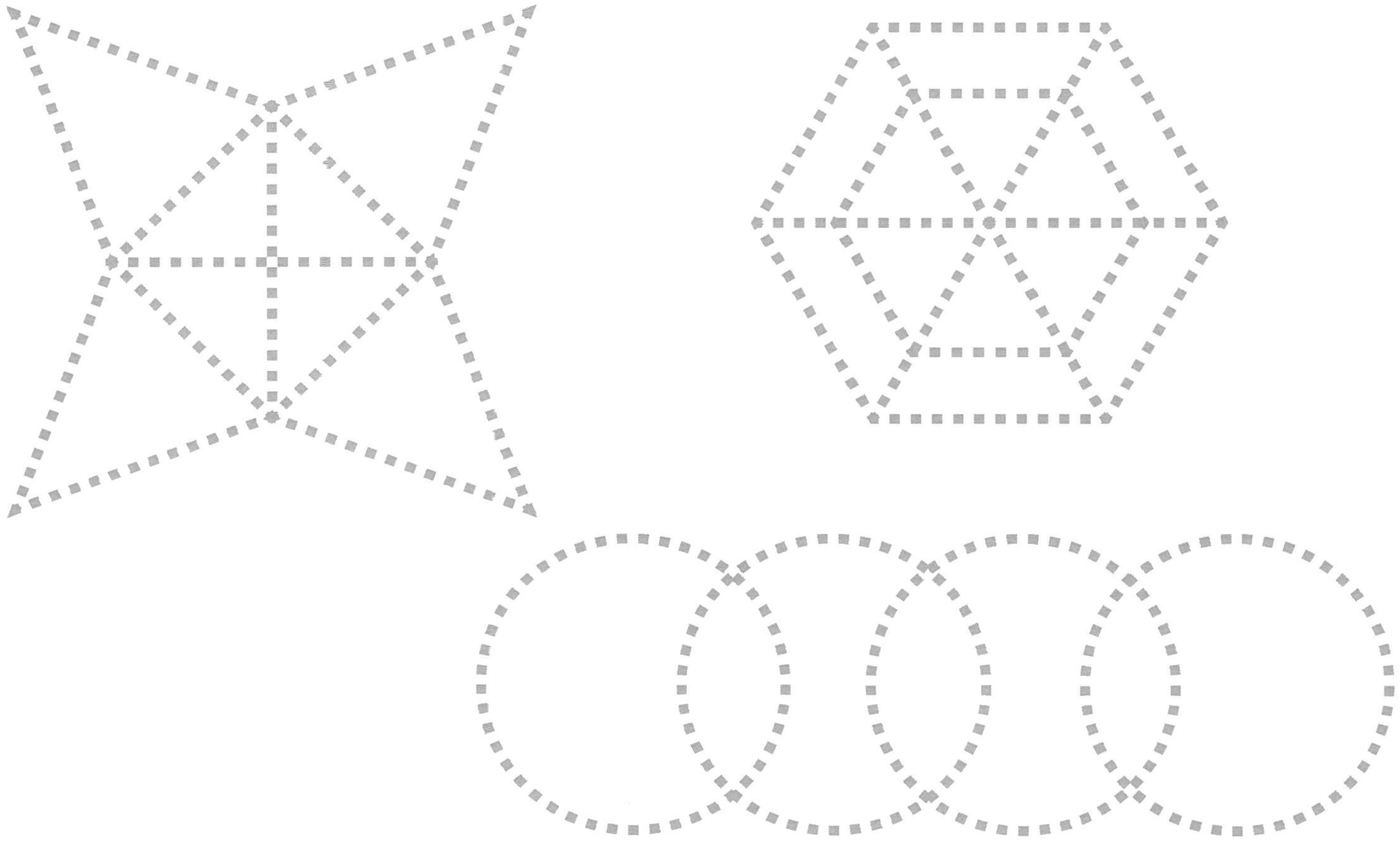

問題２６

①

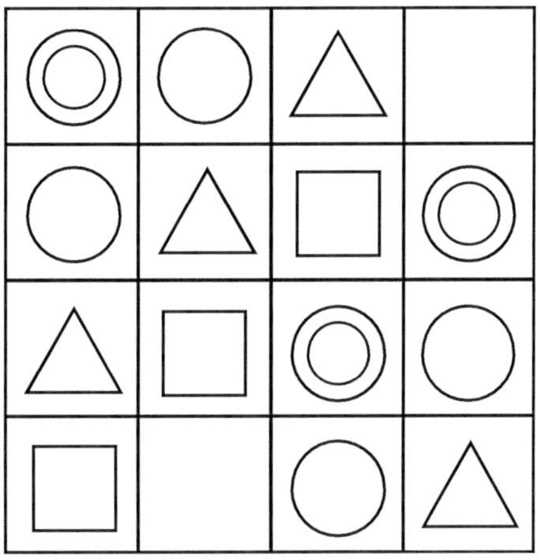

②

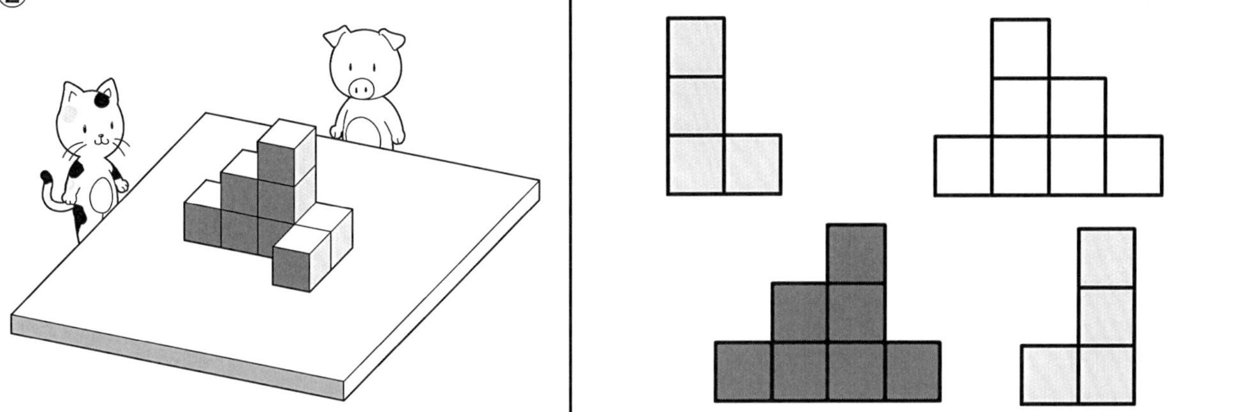

③

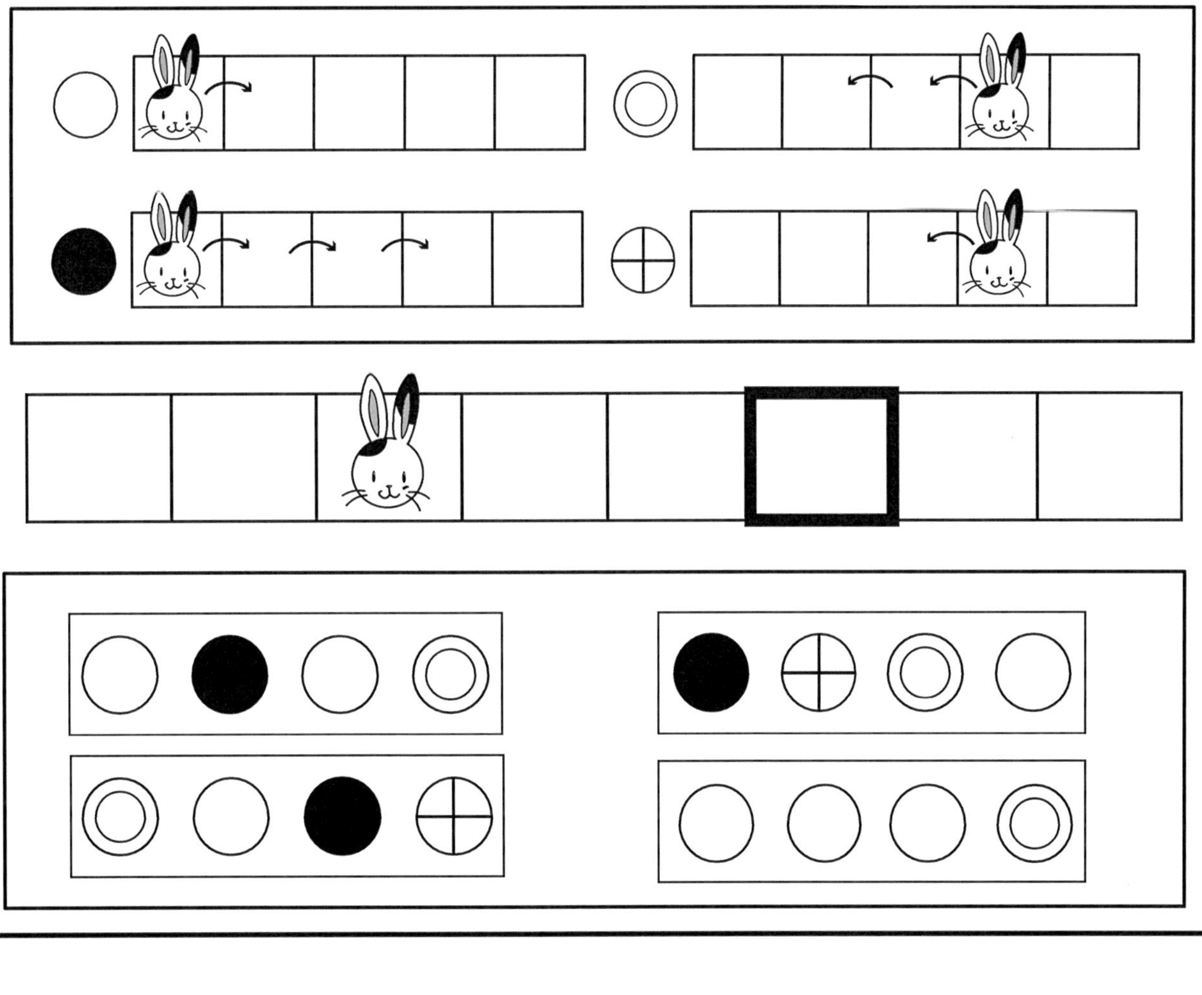

日本学習図書株式会社

①

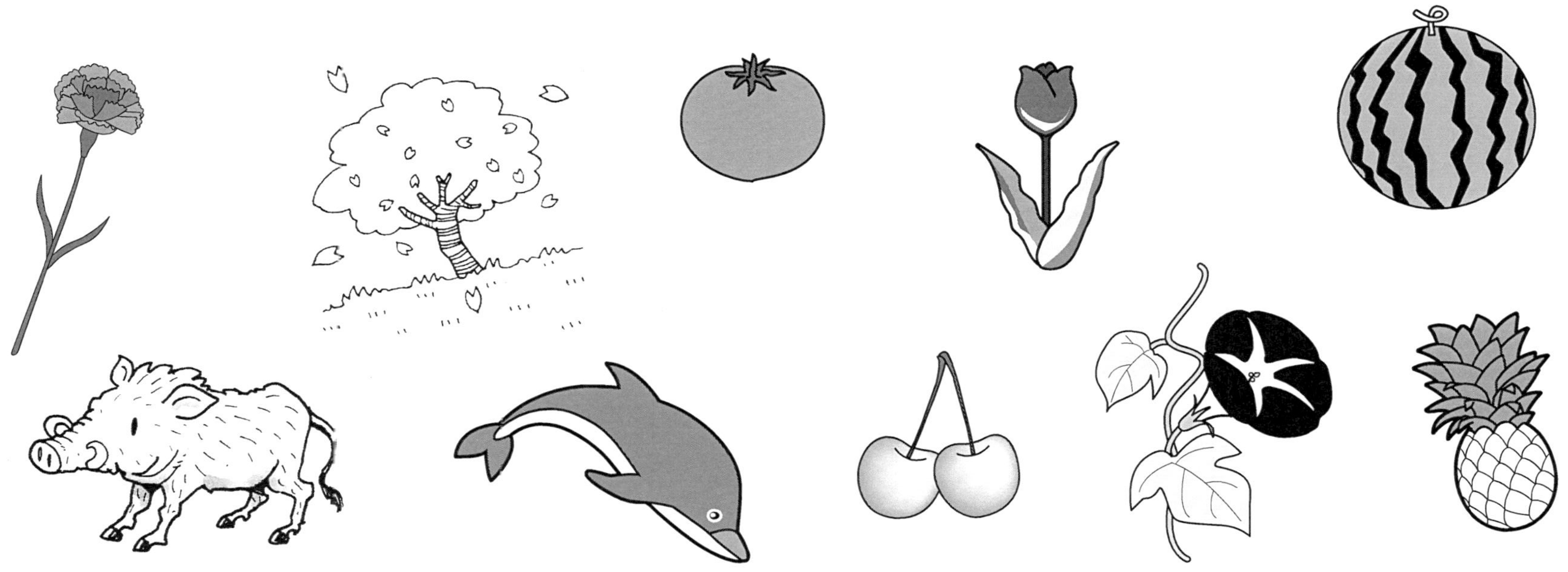

②

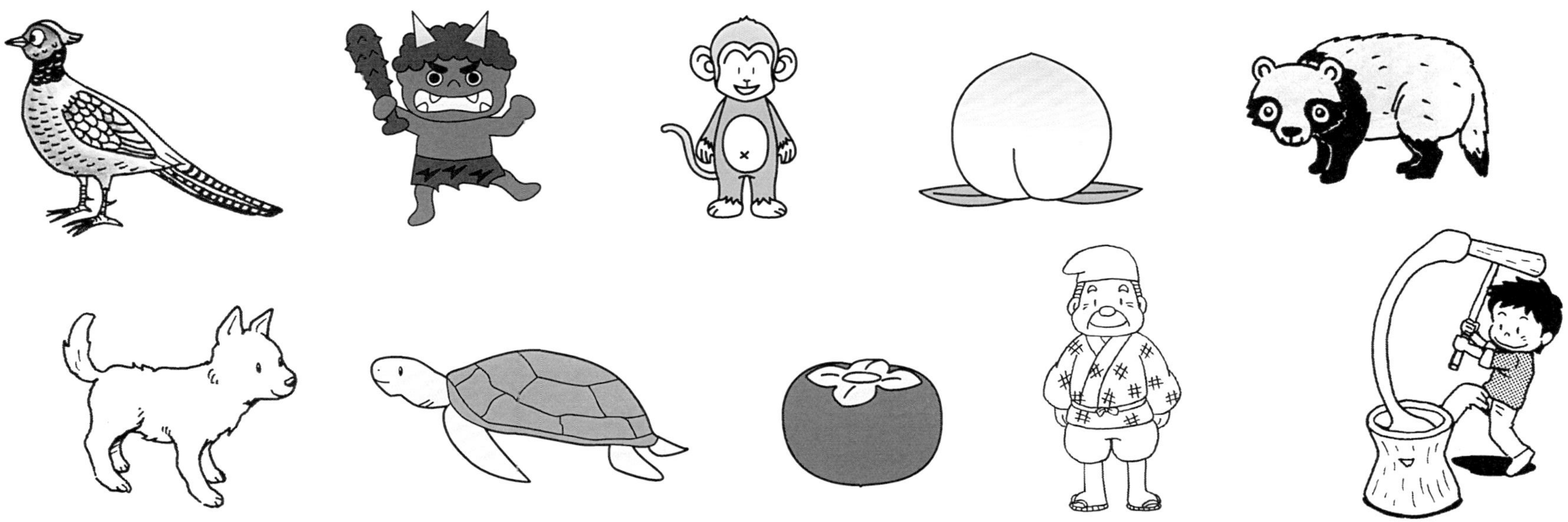

問題２８

①

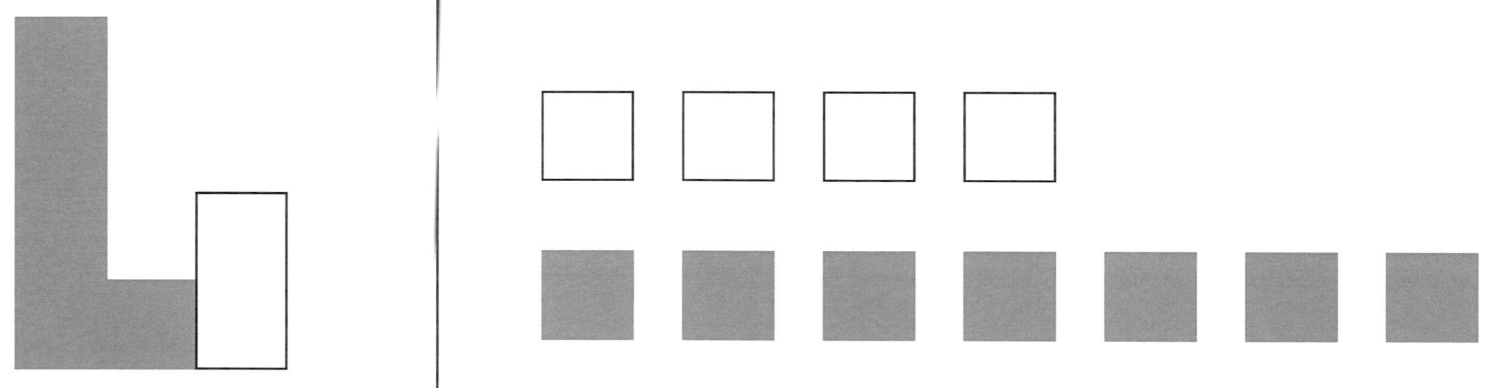

②

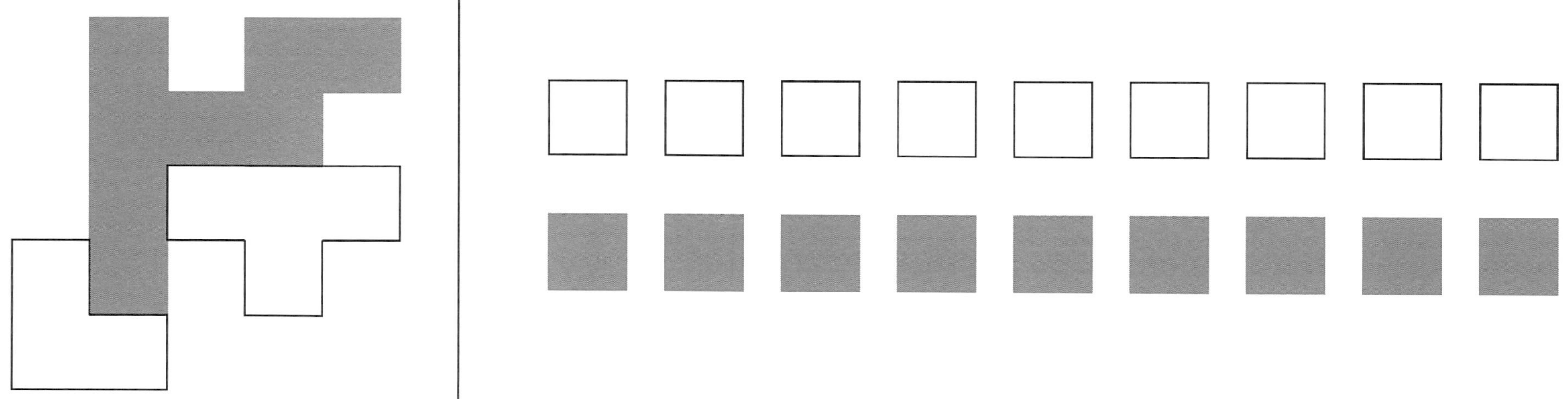

問題３１

親子活動で作る「リングつなぎ」

① 輪ゴムに細長い折り紙を通し、折り紙の両端をのりで留める

② ①の状態の輪ゴムをリングにつける

③ ②のリングになった折り紙に、輪ゴムを通した折り紙を通し、その両端をのりで留める

④ ③のリングが付いていない輪ゴムに、リングをつける

⑤ ③④を繰り返す

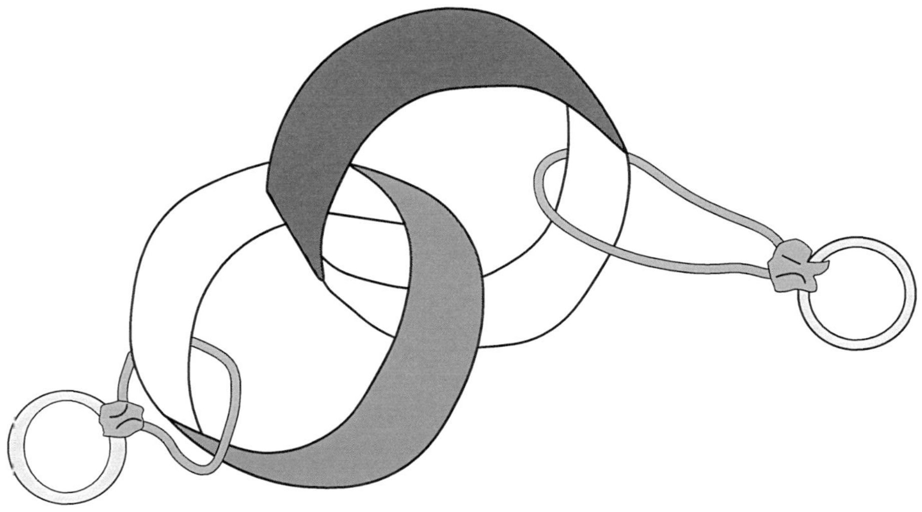

問題32

親子活動で作る「タワー」

① 折り紙にプラスチックコップの底を押し当て丸く切る

② 画用紙を丸く切る

③ コップ、画用紙、折り紙の順で積み上げる

④ ①～③を制限時間まで繰り返す

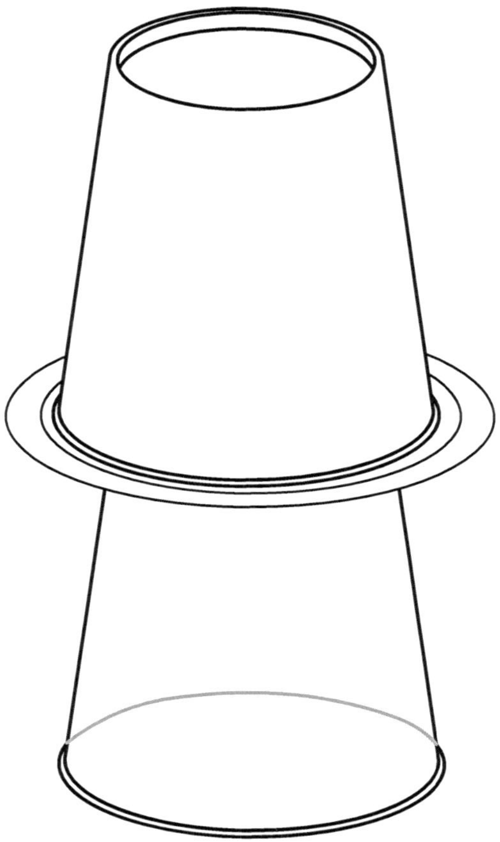

分野別 小学入試練習帳 ジュニアウォッチャー

1．点・線図形	小学校入試で出題頻度の高い『点・線図形』の模写を、難易度の低いものから段階別に幅広く練習することができるように構成。
2．座標	図形の位置模写という作業を、難易度の低いものから段階別に練習できるように構成。
3．パズル	様々なパズルの問題を難易度の低いものから段階別に練習できるように構成。
4．同図形探し	小学校入試で出題頻度の高い、同図形選びの問題を繰り返し練習できるように構成。
5．回転・展開	図形などを回転、または展開したとき、形がどのように変化するかを学習し、理解を深められるように構成。
6．系列	数、図形などの様々な系列問題を、難易度の低いものから段階別に練習できるように構成。
7．迷路	迷路の問題を繰り返し練習できるように構成。
8．対称	対称に関する問題を４つのテーマに分類し、各テーマごとに問題を段階別に練習できるように構成。
9．合成	図形の合成に関する問題を、難易度の低いものから段階別に練習できるように構成。
10．四方からの観察	もの（立体）を様々な角度から見て、どのように見えるかを推理する問題を段階別に整理し、１つの形式で複数の問題を練習できるように構成。
11．いろいろな仲間	ものや動物、植物の共通点を見つけ、分類していく問題を中心に構成。
12．日常生活	日常生活における様々な問題を６つのテーマに分類し、各テーマごとに一つの問題形式で複数の問題を練習できるように構成。
13．時間の流れ	『時間』に着目し、様々なものごとは、時間が経過するとどのように変化するのかということを学習し、理解できるように構成。
14．数える	様々なものを『数える』ことから、数の多少の判定やかけ算、わり算の基礎までを練習できるように構成。
15．比較	比較に関する問題を５つのテーマ（数、高さ、長さ、量、重さ）に分類し、各テーマごとに問題を段階別に練習できるように構成。
16．積み木	数える対象を積み木に限定した問題集。
17．言葉の音遊び	言葉の音に関する問題を５つのテーマに分類し、各テーマごとに問題を段階別に練習できるように構成。
18．いろいろな言葉	表現力をより豊かにするいろいろな言葉として、擬態語や擬声語、同音異義語、反意語、数詞を取り上げた問題集。
19．お話の記憶	お話を聴いてその内容を記憶、理解し、設問に答える形式の問題集。
20．見る記憶・聴く記憶	「見て憶える」「聴いて憶える」という『記憶』分野に特化した問題集。
21．お話作り	いくつかの絵を元にしてお話を作る練習をして、想像力を養うことができるように構成。
22．想像画	描かれてある形や景色に好きな絵を描くことにより、想像力を養うことができるように構成。
23．切る・貼る・塗る	小学校入試で出題頻度の高い、はさみやのりなどを用いた巧緻性の問題を繰り返し練習できるように構成。
24・絵画	小学校入試で出題頻度の高い、お絵かきやぬり絵などクレヨンやクーピーペンを用いた巧緻性の問題を繰り返し練習できるように構成。
25．生活巧緻性	小学校入試で出題頻度の高い日常生活の様々な場面における巧緻性の問題集。
26．文字・数字	ひらがなの清音、濁音、拗音、拗長音、促音と１～20までの数字に焦点を絞り、練習できるように構成。
27．理科	小学校入試で出題頻度が高くなりつつある理科の問題を集めた問題集。
28．運動	出題頻度の高い運動問題を種目別に分けて構成。
29．行動観察	項目ごとに問題提起をし、「このような時はどうか、あるいはどう対処するのか」の観点から問いかける形式の問題集。
30．生活習慣	学校から家庭に提起された問題と思って、一問一問絵を見ながら話し合い、考える形式の問題集。

31．推理思考	数、量、言語、常識（含理科、一般）など、諸々のジャンルから問題を構成し、近年の小学校入試問題傾向に沿って構成。
32．ブラックボックス	箱や筒の中を通ると、どのようなお約束でどのように変化するかを推理・思考する問題集。
33．シーソー	重さの違うものをシーソーに乗せた時どちらに傾くのか、またどうすればシーソーは釣り合うのかを思考する基礎的な問題集。
34．季節	様々な行事や植物などを季節別に分類できるように知識をつける問題集。
35．重ね図形	小学校入試で頻繁に出題されている「図形を重ね合わせてできる形」についての問題を集めました。
36．同数発見	様々な物を数え「同じ数」を発見し、数の多少の判断や数の認識の基礎を学べるように構成した問題集。
37．選んで数える	数の学習の基本となる、いろいろなものの数を正しく数える学習を行う問題集。
38．たし算・ひき算１	数字を使わず、たし算とひき算の基礎を身につけるための問題集。
39．たし算・ひき算２	数字を使わず、たし算とひき算の基礎を身につけるための問題集。
40．数を分ける	数を等しく分ける問題です。等しく分けたときに余りが出るものもあります。
41．数の構成	ある数がどのような数で構成されているか学んでいきます。
42．一対多の対応	一対一の対応から、一対多の対応まで、かけ算の考え方の基礎学習を行います。
43．数のやりとり	あげたり、もらったり、数の変化をしっかりと学びます。
44．見えない数	指定された条件から数を導き出します。
45．図形分割	図形の分割に関する問題集。パズルや合成の分野にも通じる様々な問題を集めました。
46．回転図形	「回転図形」に関する問題集。やさしい問題から始め、いくつかの代表的なパターンから、段階を踏んで学習できるよう編集されています。
47．座標の移動	「マス目の指示通りに移動する問題」と「指示された数だけ移動する問題」を収録。
48．鏡図形	鏡で左右反転させた時の見え方を考えます。平面図形から立体図形、文字、絵まで。
49．しりとり	すべての学習の基礎となる「言葉」を学ぶこと、特に「語彙」を増やすことに重点をおき、さまざまなタイプの「しりとり」問題を集めました。
50．観覧車	観覧車やメリーゴーラウンドなどを舞台にした「回転系列」の問題集。「推理思考」分野の問題ですが、要素として「図形」や「数量」も含みます。
51．運筆①	鉛筆の持ち方を学び、点線なぞり、お手本を見ながらの模写で、線を引く練習をします。
52．運筆②	運筆①からさらに発展し、「欠所補完」や「迷路」などを楽しみながら、より複雑な鉛筆運びを習得することを目指します。
53．四方からの観察 積み木編	積み木を使用した「四方からの観察」に関する問題を練習できるように構成。
54．図形の構成	見本の図形がどのような部分によって形づくられているかを考えます。
55．理科②	理科的知識に関する問題を集中して練習する「常識」分野の問題集。
56．マナーとルール	道路や駅、公共の場でのマナー、安全や衛生に関する常識を学べるように構成。
57．置き換え	さまざまな具体的・抽象的事象を記号で表す「置き換え」の問題を扱います。
58．比較②	長さ・高さ・体積・数などを数学的な知識を使わず、論理的に推測する「比較」の問題を練習できるように構成。
59．欠所補完	線と線のつながり、欠けた絵に当てはまるものなどを求める「欠所補完」に取り組める問題集です。
60．言葉の音（おん）	しりとり、決まった順番の音をつなげるなど、「言葉の音」に関する問題に取り組める練習問題集です。

図書カード 1000 円分プレゼント

ご記入日　　　年　　月　　日

☆国・私立小学校受験アンケート☆

※可能な範囲でご記入下さい。選択肢は○で囲んで下さい。

〈小学校名〉＿＿＿＿＿＿＿＿＿＿＿＿　〈お子さまの性別〉男・女　〈誕生月〉＿＿月

〈その他の受験校〉（複数回答可）＿＿＿＿＿＿＿＿＿＿＿＿＿＿＿＿＿＿＿＿

〈受験日〉①：＿＿月＿＿日〈時間〉＿＿時＿＿分～＿＿時＿＿分

②：＿＿月＿＿日〈時間〉＿＿時＿＿分～＿＿時＿＿分

〈受験者数〉男女計＿＿名（男子＿＿名　女子＿＿名）

〈お子さまの服装〉＿＿＿＿＿＿＿＿＿＿＿＿＿＿＿＿

〈入試全体の流れ〉（記入例）準備体操→行動観察→ペーパーテスト

＿＿＿＿＿＿＿＿＿＿＿＿＿＿＿＿＿＿＿＿＿＿＿＿＿＿

Eメールによる情報提供

日本学習図書では、Eメールでも入試情報を募集しております。
下記のアドレスに、アンケートの内容をご入力の上、メールをお送り下さい。

ojuken@nichigaku.jp

●行動観察　（例）好きなおもちゃで遊ぶ・グループで協力するゲームなど

〈実施日〉＿＿月＿＿日〈時間〉＿＿時＿＿分～＿＿時＿＿分〈着替え〉□有　□無

〈出題方法〉□肉声　□録音　□その他（　　　　　　）〈お手本〉□有　□無

〈試験形態〉□個別　□集団（　　　人程度）　〈会場図〉

〈内容〉

□自由遊び

＿＿＿＿＿＿＿＿＿＿＿＿＿＿＿＿＿＿＿＿

□グループ活動

＿＿＿＿＿＿＿＿＿＿＿＿＿＿＿＿＿＿＿＿

□その他

＿＿＿＿＿＿＿＿＿＿＿＿＿＿＿＿＿＿＿＿

●運動テスト（有・無）　（例）跳び箱・チームでの競争など

〈実施日〉＿＿月＿＿日〈時間〉＿＿時＿＿分～＿＿時＿＿分〈着替え〉□有　□無

〈出題方法〉□肉声　□録音　□その他（　　　　　　）〈お手本〉□有　□無

〈試験形態〉□個別　□集団（　　　人程度）　〈会場図〉

〈内容〉

□サーキット運動

□走り　□跳び箱　□平均台　□ゴム跳び

□マット運動　□ボール運動　□なわ跳び

□クマ歩き

□グループ活動＿＿＿＿＿＿＿＿＿＿＿＿＿＿＿＿

□その他＿＿＿＿＿＿＿＿＿＿＿＿＿＿＿＿＿＿

●知能テスト・口頭試問

〈実施日〉　　月　　日〈時間〉　　時　　分　～　　時　　分〈お手本〉□有 □無

〈出題方法〉 □肉声 □録音 □その他（　　　　　）〈問題数〉 ＿＿枚 ＿＿問

分野	方法	内　　容	詳 細・イ ラ ス ト
（例） お話の記憶	☑筆記 □口頭	動物たちが待ち合わせをする話	（あらすじ） 動物たちが待ち合わせをした。最初にウサギさんが来た。次にイヌくんが、その次にネコさんが来た。最後にタヌキくんが来た。 （問題・イラスト） ３番目に来た動物は誰か 
お話の記憶	□筆記 □口頭		（あらすじ） （問題・イラスト）
図形	□筆記 □口頭		
言語	□筆記 □口頭		
常識	□筆記 □口頭		
数量	□筆記 □口頭		
推理	□筆記 □口頭		
その他	□筆記 □口頭		

日本学習図書株式会社

●制作　（例）ぬり絵・お絵かき・工作遊びなど

〈実施日〉＿＿月＿＿日〈時間〉＿＿時＿＿分＿＿～＿＿時＿＿分

〈出題方法〉□肉声 □録音 □その他（　　　　　　　）〈お手本〉□有 □無

〈試験形態〉□個別 □集団（　　　　人程度）

材料・道具	制作内容
□ハサミ □のり（□つぼ □液体 □スティック） □セロハンテープ □鉛筆 □クレヨン（　色） □クーピーペン（　色） □サインペン（　色）□ □画用紙（□ A4 □ B4 □ A3 □その他：　　　　　　） □折り紙 □新聞紙 □粘土 □その他（　　　　　　）	□切る □貼る □塗る □ちぎる □結ぶ □描く □その他（　　　　　　） タイトル：＿＿＿＿＿＿＿＿＿＿

●面接

〈実施日〉＿＿月＿＿日〈時間〉＿＿時＿＿分＿＿～＿＿時＿＿分〈面接担当者〉＿＿名

〈試験形態〉□志願者のみ（　　）名 □保護者のみ □親子同時 □親子別々

〈質問内容〉

□志望動機　□お子さまの様子

□家庭の教育方針

□志望校についての知識・理解

□その他（　　　　　　　　　　　　）

（詳　細）

・

・

・

・

※試験会場の様子をご記入下さい。

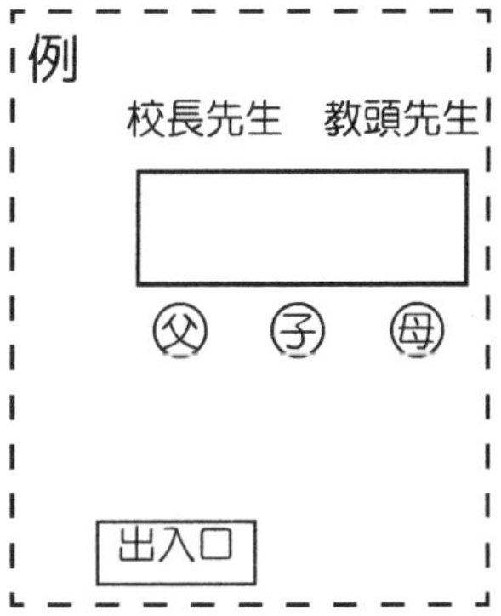

●保護者作文・アンケートの提出（有・無）

〈提出日〉□面接直前 □出願時 □志願者考査中 □その他（　　　　　　　　）

〈下書き〉□有 □無

〈アンケート内容〉

（記入例）当校を志望した理由はなんですか（150字）

●説明会（□有　□無）〈開催日〉　　月　　日〈時間〉　　時　　分　～　　時　　分
〈上履き〉　□要　□不要　〈願書配布〉　□有　□無　〈校舎見学〉　□有　□無
〈ご感想〉

●参加された学校行事（複数回答可）
公開授業〈開催日〉　　月　　日〈時間〉　　時　　分　～　　時　　分
運動会など〈開催日〉　　月　　日〈時間〉　　時　　分　～　　時　　分
学習発表会・音楽会など〈開催日〉　　月　　日〈時間〉　　時　　分　～　　時　　分
〈ご感想〉
※是非参加したほうがよいと感じた行事について

●受験を終えてのご感想、今後受験される方へのアドバイス
※対策学習（重点的に学習しておいた方がよい分野）、当日準備しておいたほうがよい物など

＊＊＊＊＊＊＊＊＊＊＊＊　ご記入ありがとうございました　＊＊＊＊＊＊＊＊＊＊＊＊

必要事項をご記入の上、ポストにご投函ください。

なお、本アンケートの送付期限は入試終了後３ヶ月とさせていただきます。また、入試に関する情報の記入量が当社の基準に満たない場合、謝礼の送付ができないことがございます。あらかじめご了承ください。

ご住所：〒＿＿＿＿＿＿＿＿＿＿＿＿＿＿＿＿＿＿＿＿

お名前：＿＿＿＿＿＿＿＿＿＿＿＿　メール：＿＿＿＿＿＿＿＿＿＿＿＿

ＴＥＬ：＿＿＿＿＿＿＿＿＿＿＿＿　ＦＡＸ：＿＿＿＿＿＿＿＿＿＿＿＿

アンケートのご記入
ありがとうございました

ご記入頂いた個人に関する情報は、当社にて厳重に管理致します。弊社の個人情報取り扱いに関する詳細は、www.nichigaku.jp/policy.php の「個人情報の取り扱い」をご覧下さい。

家庭学習をトータルサポート！ ニチガクのオリジナル 効果的 学習法

1 まずは アドバイスページを読む！

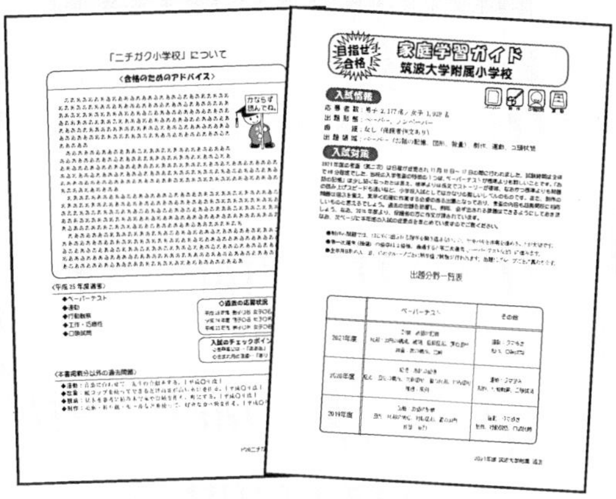

ピンク色です

対策や試験ポイントがぎっしりつまった「家庭学習ガイド」。分野アイコンで、試験の傾向をおさえよう！

過去問のこだわり

最新問題は問題ページ、イラストページ、解答・解説ページが独立しており、お子さまにすぐに取り掛かっていただける作りになっています。
ニチガクの学校別問題集ならではの、学習法を含めたアドバイスを利用して、効率のよい家庭学習を進めてください。

2 問題をすべて読み、出題傾向を把握する

3 「学習のポイント」で学校側の観点や問題の解説を熟読

4 はじめて過去問題にチャレンジ！

5 プラスα 対策問題集や類題で力を付ける

各問題のジャンル

問題7 分野：図形（図形の構成） Aグループ男子

〈解 答〉 下図参照

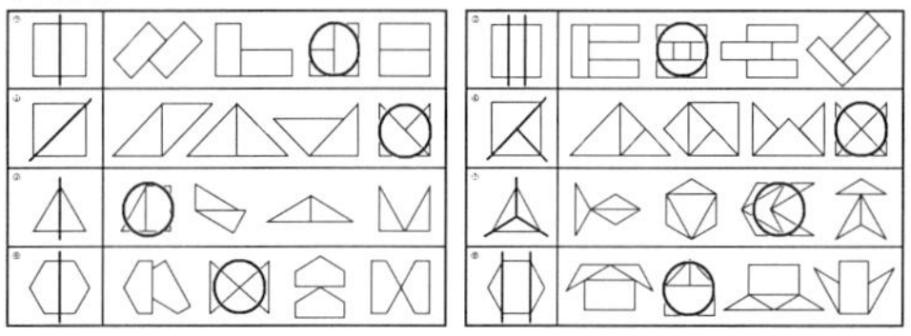

図形の構成の問題です。解答時間が圧倒的に短いので、直感的に答えないと全問答えることはできないでしょう。例年ほど難しい問題ではないので、ある程度準備をしたお子さまなら可能のはずです。注意すべきなのはケアレスミスで、「できないものはどれですか」と聞かれているのに、できるものに○をしたりしてはおしまいです。こういった問題では基礎とも言える問題なので、もしわからなかった場合は基礎問題を分野別の問題集などでおさらいしておきましょう。

【おすすめ問題集】
★筑波大附属小学校図形攻略問題集①②★（書店では販売しておりません）
Jr・ウォッチャー9「合成」、54「図形の構成」

学習のポイント

各問題の解説や学校の観点、指導のポイントなどを教えます。
今日から保護者の方が家庭学習の先生に！

おすすめ対策問題集

分野ごとに対策問題集をご紹介。苦手分野の克服に最適です！
＊専用注文書付き。

2022年度版　大阪教育大学附属天王寺小学校
過去問題集

発行日　2021年2月26日
発行所　〒162-0821 東京都新宿区津久戸町 3-11-9F
日本学習図書株式会社
電　話　03-5261-8951 ㈹